Ⓢ新潮新書

宮口幸治
MIYAGUCHI Koji

ケーキの切れない非行少年たち

820

新潮社

はじめに

私は現在、大学で主に臨床心理系の講義を担当しておりますが、もともとは精神科医です。3年前に現大学に赴任するまで少年院で法務技官として勤務してきました。その前は大阪の公立精神科病院に児童精神科医として勤務していました。そこでは外来や入院病棟で発達障害、被虐待、不登校、思春期の子たちなどを診察していましたが、その病院は関西の基幹病院とも言える規模だったので、あらゆる症例をみてきました。発達障害の専門外来では、申し込んでから初診の順番が来るまで4年待ちという状態で、病院としてほとんど機能していないくらい、患者が集まってきていたのです。児童だけでなく、殺人などの重大犯罪を行った成人や少年の精神鑑定を行う機会もあり、とてもやり甲斐を感じていました。

当時、ある施設へ定期的に出向いて診察や発達相談などを行っていたのですが、そこで発達障害をもった一人の少年に出会いました。その少年は性の問題行動を抱えていました。年齢にかかわらず、とにかく女性の身体を触ってしまうというこだわりがあったのです。幼女や女性が集まりそうな場所に行っては、相手を見つけて触るという行為を繰り返していたのです。その少年との出会いが、結果的には私の人生の方向を大きく変えることになりました。

私はその施設で彼の継続治療を行うことになりました。そこで、当時、認知行動療法に基づいて北米で作成され、効果が期待されていた性加害防止のためのワークブックを日本語に翻訳し、それを使って一緒に治療を進めていくことにしました。並行して病院の外来にも来てもらい、さまざまなストレスを抑えるための薬物療法も行いました。

認知行動療法とは、思考の歪みを修正することで適切な行為・思考・感情を増やし、不適切な行為・思考・感情を減らすことや対人関係スキルの改善などを図る治療法の一つで、心理療法分野では効果的であるとされています。

例えば、AさんがBさんに挨拶して、Bさんから返事がなかったとします。そこでAさんは「Bは僕をワザと無視した。僕のことが嫌いなのだ」と考えると怒りが出てきて、今度はAさんがBさんを無視したり、意地悪したりするかもしれません。そこで認知行動療法ではAさんに違った考え方をしてもらいます。「ひょっとして僕の声が小さかったからBさんが気づいていないのでは?」「Bさんは何か考え事に夢中になっていて気づかなかったのでは?」などです。こう考えると、Aさんは「それなら仕方ない。もう1回大きな声で挨拶してみよう」と考え、再度挨拶するかもしれません。そこでBさんが返事をしてくれれば、Aさんは「Bは僕をワザと無視した。僕のことが嫌いなのだ」といった思考が歪んでいたことに気が付きます。すると、その後はより適切な行為・思考・感情に繋がっていくことになります。同時に挨拶の仕方といった対人関係スキルの改善にも繋がります。

このように考え方を変えることでより好ましい行動に繋げていく認知行動療法は、性加害者への治療プログラムの根幹にもなっています。性加害者は、性に対して歪んだ思考(「実は女性は襲われたいと思っている」等)をもっていたり、対人関係において「社会の人たちは皆敵だ」「自分は皆から避けられている」「自分には価値がない」といった攻撃的、被害的思考をもっている場合があり、そういった歪んだ思考が性加害行為に繋がっている可能性があります。そこで認知行動療法を使ってそういった歪んだ思考を修正して好ましい行動に変えていくのです。私が彼に使っていたワークブックも、まさにそういった方法に基づいて作成されていたのです。

その少年はワークブックを終えるたびに「分かりました」と答え、また外来でも「もうしません」と真剣に繰り返すので、「今度こそ大丈夫だ」と思うことも度々だったのですが、状況は全く変わりませんでした。次の診察で会う時までに何らかの性の問題を起こすということが何度も続いたのです。どうして変わらないのだろう、と思い悩む日々が続きました。後になってその原因が分かったのですが、彼は知的なハンディも併せてもっていたために認知機能が弱く、ワークブック自体がしっかりと理解できていなかったのです。

認知行動療法は「認知機能という能力に問題がないこと」を前提に考えられた手法です。認知機能に問題がある場合、効果ははっきりとは証明されていないのです。では認知機能に問題があるというのはどんな子どもたちか。それが発達障害や知的障害をもった子どもたちなのです。つまり発達障害や知的障害をもった子どもたちには、認知行動療法がベースとなったプログラムは効果が期待できない可能性があるのです。でも実際に現場で困っているのは、そういった子どもたちなのです。

ではどうしたらいいのか。答えは病院にはありませんでした。病院は世間では最後の砦のように思われていますが、実は発達障害や知的障害をもち様々な問題行動を繰り返す少年に対しては、結局は投薬治療といった対症療法しかなく、根本的に治すことは困難なのです。

私は、病院でできることが限られていることを痛感してから悶々とした日々を過ごしていました。他にも殺人や殺人未遂などを行った発達障害をもった少年たちの精神鑑定に携わり、彼らの犯行に至った背景や問題点はよく分かるのですが、具体的にどう支援すればいいのかについては、皆目見当がつきませんでした。投薬以外の個別カウンセリング、認知行動療法、作業療法などで解決するとは到底思えず、かといってそれ以外のノウハウもありません。そういった治療を専門にしている医療機関や医師も、国内で調べる限り見当たりませんでした。そこで色々と調べていくうちに、そういった少年たち――発達障害や知的障害をもち非行を行った少年たち――が集められる矯正施設（医療少年院）が、三重県にあるのを知ったのです。

発達障害、知的障害をもつ子どもたちの保護者や支援者にとって、少年院は最も行って欲しくない場所かと思います。障害をもった子どもたちは本来、大切に守り育てないといけない存在です。それなのに加害者となって被害者を作り、矯正施設に入れられてしまうのです。まさに「教育の敗北」と言っていい状況です。そういった「最悪の結末とも考えられる施設」に行けば、何か支援のヒントが見つけられるのではないか。藁にもすがる思いで、それまで勤めていた精神科病院を辞め、医療少年院に赴任することにしました。

公立精神科病院で児童精神科医として勤めていた私は、児童・青年のことは一通り分かったつもりになっていましたが、少年院に来てみて実はまだ殆ど何も知らなかったことに気付きました。

同じ発達障害の子でも病院とは全く違うことが問題になっていたこと、病院を受診する児童・青年は比較的恵まれた子どもたちであることなども知りました。もちろん虐待を受けた子どもたちもいましたが、基本、病院には保護者や支援者がいるからこそ連れてこられるわけです。問題があっても病院に連れてこられず、障害に気づかれず、学校でイジメに遭い、非行に走って加害者になり、警察に逮捕され、更に少年鑑別所に回され、そこで初めてその子に「障害があった」と気づかれる、という現状があったのです。現在の特別支援教育を含めた学校教育がうまく機能していなかったのです。

医療少年院勤務の後、女子少年院にも1年間ほど勤務しました。非行少女が収容される女子少年院の実態も知っておきたいと思ったからです。女子少年院には医療少年院と重なる部分もありましたし、違った問題点もありました。ただ、非行少年の男女差についての考察は本書の主題ではありませんし、本書で私が指摘している問題の性質やその解決策については、男女で根本的な違いはありませんので、本書では敢えて男女を区別して論じることはしていません。なお本書で取り上げたケースの中には、私が女子少年院で遭遇したものも含まれていますが、矯正施設では女子でも少年と呼ぶことから、すべて少年で統一しています。彼らにどんな特徴があるのか、どうすれば更生させることができるのか、そして同じような非行少年を作らないためにどうしていけばいいのか。少年院勤務で得た知見を踏まえ、本書で私の提案を述べていきたいと思います。

本書は主に私の医療少年院での勤務経験が元になっています。現在少年院は約50施設ほどありますが、全ての施設で発達障害や知的障害をもった非行少年が収容されているわけではありません。しかし女子少年院での勤務経験も含め、他の少年院の少年たちの情報を併せると、私の勤めた医療少年院の少年たちだけが特別ではないことが分かってきました。本書で述べている非行少年の特徴は少年院に在院する多くの非行少年たちにも該当すると思っています。

ケーキの切れない非行少年たち——目次

はじめに　3

第1章　「反省以前」の子どもたち　17

「凶暴で手に負えない少年」の真実／世の中のすべてが歪んで見えている？／面接と検査から浮かび上がってきた実態／学校で気づかれない子どもたち／褒める教育だけでは問題は解決しない／1日5分で日本が変わる

第2章　「僕はやさしい人間です」と答える殺人少年　32

ケーキを切れない非行少年たち／計算ができず、漢字も読めない／計画が立てられない、見通しがもてない／そもそも反省ができず、葛藤すらもてない／自分はやさしいと言う殺人少年／人を殺してみたい気持ちが消えない少年／幼児ばかり狙う性非行少年

第3章　非行少年に共通する特徴　47

非行少年に共通する特徴5点セット＋1／【認知機能の弱さ】見たり聞いたり想像する力が弱い／「不真面目な生徒」「やる気がない生徒」の背景にあるもの／想像力が弱ければ努

力できない／悪いことをしても反省できない／【感情統制の弱さ】感情を統制できないと認知機能も働かない／ストレス発散のために性非行／〝怒り〟の背景を知らねばならない／〝怒り〟は冷静な思考を止める／感情は多くの行動の動機づけである／【融通の利かなさ】頭が硬いとどうなるのか？／BADS（遂行機能障害症候群の行動評価）／学校にも多い「融通の利かない子」／融通の利かなさが被害感につながる／【不適切な自己評価】自分のことを知らないとどうなるのか？／なぜ自己評価が不適切になるのか？／【対人スキルの乏しさ】対人スキルが弱いとどうなるのか？／嫌われないために非行に走る？／性の問題行動につながることも／【身体的不器用さ】身体が不器用だったらどうなるのか？／不器用さは周りにバレる／身体的不器用さの特徴と背景

第4章　気づかれない子どもたち　91

子どもたちが発しているサイン／サインの「出し始め」は小学2年生から／保護者にも気づかれない／社会でも気づかれない／「クラスの下から5人」の子どもたち／病名のつかない子どもたち／非行化も懸念される子どもたち／気づかれないから警察に逮捕される

第5章　忘れられた人々　105
どうしてそんなことをするのか理解不能な人々／かつての「軽度知的障害」は人口の14％いた？／大人になると忘れられてしまう厄介な人々／健常人と見分けがつきにくい／「軽度」という誤解／虐待も知的なハンディが原因の場合も／本来は保護しなければならない障害者が犯罪者に／刑務所にかなりの割合でいる忘れられた人々／少年院にもいた「忘れられた少年たち」／被害者が被害者を生む

第6章　褒める教育だけでは問題は解決しない　121
褒める教育で本当に改善するのか？／「この子は自尊感情が低い」という紋切り型フレーズ／教科教育以外はないがしろにされている／全ての学習の基礎となる認知機能への支援を／医療・心理分野からは救えないもの／知能検査だけではなぜダメなのか？／「知的には問題ない」が新たな障害を生む／ソーシャルスキルが身につかない訳／司法分野にないもの／欧米の受け売りでは通用しない

第7章　ではどうすれば？　1日5分で日本を変える　146
非行少年から学ぶ子どもの教育／共通するのは「自己への気づき」と「自己評価の向上」／やる気のない非行少年たちが劇的に変わった瞬間／子どもへの社会面、学習面、身体面の三支援／認知機能に着目した新しい治療教育／学習の土台にある認知機能をターゲットにせよ／新しいブレーキをつける方法／子どもの心を傷つけないトレーニング／朝の会の1日5分でできる／お金をかけないでもできる／脳機能と犯罪との関係／性犯罪者を治すための認知機能トレーニング／被虐待児童の治療にも／犯罪者を納税者に

おわりに　180

第1章 「反省以前」の子どもたち

「凶暴で手に負えない少年」の真実

「はじめに」でも記した通り、私は2009年から法務省矯正局の職員となり、医療少年院に6年間、その後、女子少年院に1年余り、法務技官として勤務してきました。医療少年院には現在も非常勤で勤めていますのでもう10年以上になります。医療少年院は、特に手がかかると言われている発達障害・知的障害をもった非行少年が収容される、いわば少年院版特別支援学校といった位置づけです。全国にこのような少年院は3ヶ所あります。非行のタイプは窃盗・恐喝、暴行・傷害、強制猥褻、放火、殺人まで、ほぼ全ての犯罪を行った少年たちがいます。

私が勤務していた医療少年院にも、ほぼ全ての種類の非行・犯罪を行った発達障害もしくは知的障害をもった少年たちが、鉄格子の奥の部屋に収容されていました。当初はとても恐ろしく感じましたが、よく見ると少年たちの表情はそこまで暗くはなく、むしろ穏やかで、近くを通ると元気よく挨拶してくれました。

勤務して直ぐ、私は少年院の中で最も手がかかっていた少年の診察を頼まれました。少年院で「手がかかる」というのは、学校で「手がかかる」というのとは次元が違います。その少年は社会で暴行・傷害事件を起こし入院してきました。少年院の中でも粗暴行為を何度も起こし、教官の指示にも従わず、保護室に何度も入れられている少年でした。ちょっとしたことでキレて机や椅子を投げ飛ばし、強化ガラスにヒビが入るほどでした。いったん部屋で暴れると非常ベルが鳴り、50人はいる職員全員がそこに駆け付け少年を押さえつけて制圧します。制圧された少年は、トイレしかない保護室に入れられ大人しくなるまで出てこられません。そういったことを週に2回くらい繰り返していた少年でした。

そんな情報が耳に入っていたので、内心びくびくしながら診察にのぞみました。どんな凶暴な少年が来るのかと思っていたら、実際に部屋に入ってきたのは、小柄で痩せていておとなしそうな表情の、無口な少年でした。こちらの質問にも「はい」「いいえ」くらいしか答えません。ときどき「え？」と聞き返していました。あまり会話が進まないので、私はこれまで病院での診察の中でルーチンとして行っていたＲｅｙ複雑図形の模写という課題をやらせてみました。これは次頁の図1―1にある複雑図形を見ながら手元の紙に写すという課題です。神経心理学検査の一つで認知症患者などに使用したり、子どもの視覚認知の力や写す際の計画力などをみたりすることができます。

彼は意外にもすんなりと課題に一生懸命取り組んでくれたのですが、そこで生涯忘れ得ない衝撃的な体験をしました。彼は黙々と図1―2のようなものを描いたのです。

世の中のすべてが歪んで見えている?

これを見た時のショックはいまだに忘れられません。私の中でそれまでもっていた発達障害や知的障害のイメージがガラガラと崩れました。

ある人に見せて感想をもらったことがあるのですが、彼は淡々と「写すのが苦手なのですね」と答えました。確かにそうかもしれませんが、そんな単純な問題ではないのです。このような絵を描いているのが、何人にも怪我を負わせるような凶悪犯罪を行ってきた少年であること、そしてReyの図の見本が図1―2のように歪んで見えているということは、〝世の中のこと全てが歪んで見えている可能性がある〟ということなのです。

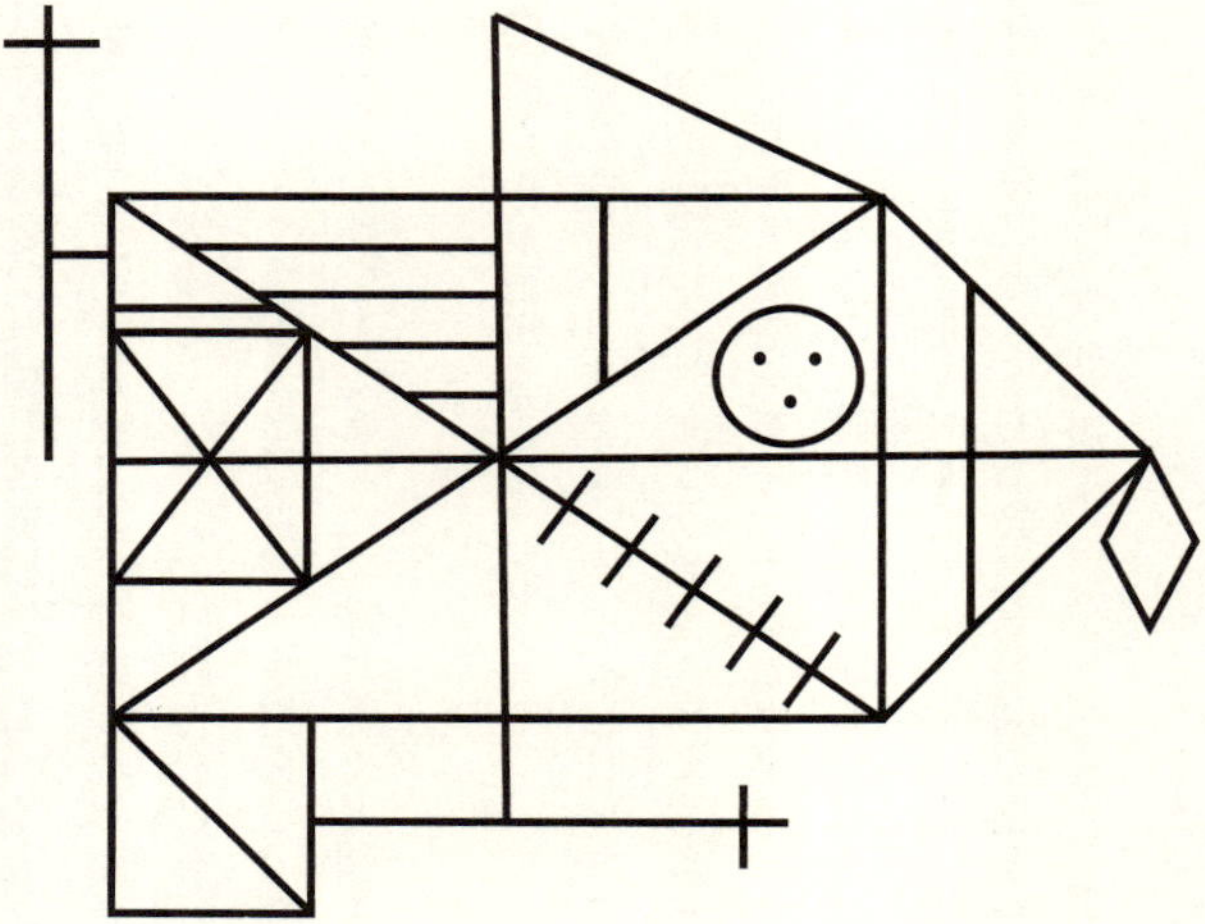

図１－１

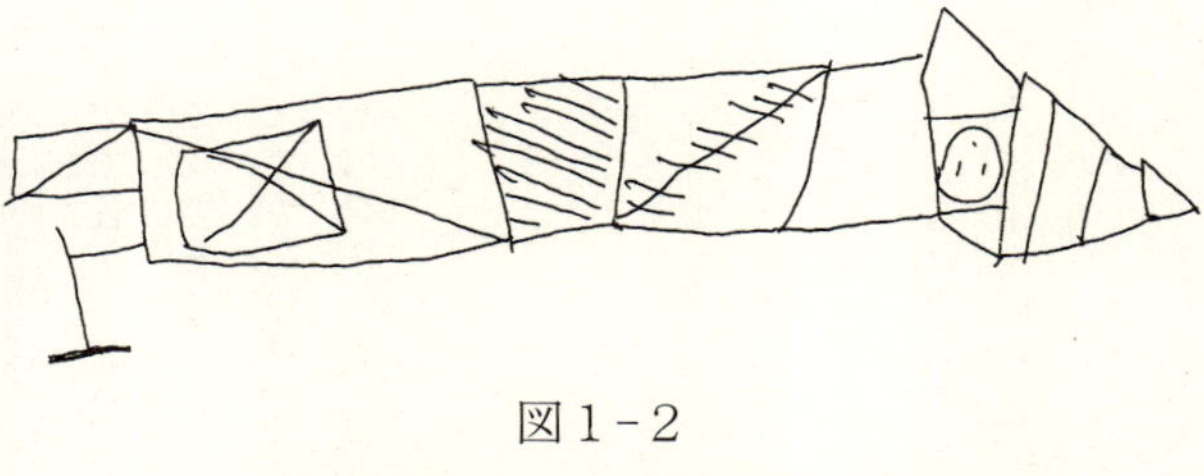

図１－２
（少年が描いたものを著者が再現）

そして見る力がこれだけ弱いとおそらく聞く力もかなり弱くて、我々大人の言うことが殆ど聞き取れないか、聞き取れても歪んで聞こえている可能性があるのです。

私は、〝ひょっとしたら、これが彼の非行の原因になっているのではないか〟と直感しました。同時に、彼がこれまで社会でどれだけ生きにくい生活をしてきたのか、容易に想像できました。つまり、これを何とかしないと彼の再非行は防げない、と思ったのです。

私はすぐに少年院の幹部を含む教官たちにも絵を見せたのですが、皆とても驚いていました。ある幹部は「これならいくら説教しても無理だ。もう長く話すのは止めよう」と言ったほどでした。すぐに理解してくれたのはいいのですが、私が意外だったのは、ベテランの教官たちがどうしてこれまでこういった事実に気付かなかったのか、ということでした。気づかずに「不真面目だ」「やる気がない」と厳しい指導をしていたのか。だとしたら、余計に悪くなってしまうのです。実は凶悪犯罪を行った非行少年の中に、かなりの割合でこういった少年がいるのではないか、それは成人の犯罪者でも同じではないのか、と私は感じ始めました。

もちろん、障害のある少年だからといっても犯罪行為は許されることではありません。

しかし、本来は支援されないといけない障害をもった少年たちが、なぜこのような凶悪犯罪に手を染めることになったのかが問題なのです。

これまで多くの非行少年たちと面接してきました。凶悪犯罪を行った少年に、何故そんなことを行ったのかと尋ねても、難し過ぎてその理由を答えられないという子がかなりいたのです。更生のためには、自分のやった非行としっかりと向き合うこと、被害者のことも考えて内省すること、自己洞察などが必要ですが、そもそもその力がないのです。つまり、「反省以前の問題」なのです。これでは被害者も浮かばれません。

こういった少年たちの中で、幼い時から病院を受診している子はほとんどいません。彼らの保護者・養育環境はお世辞にもいいとは言えず、そういった保護者が子どもの発達上の問題（絵を写すのが苦手、勉強が苦手、対人関係が苦手など）に気づいて病院に連れていくことはないからです。病院に連れてこられる児童は家庭環境もそこそこ安定しており、その親も「少しでも早く病院に連れて行って子どもを診てもらいたい」といったモチベーションを持っています。

非行化した少年たちに医療的な見立てがされるのは、非行を犯し、警察に逮捕され、司法の手に委ねられた後なのです。一般の精神科病院に、こういった非行少年たちはまず来ません。

面接と検査から浮かび上がってきた実態

医療少年院では、新しく入ってきた全ての少年に対して、毎回2時間ほどかけて面接を行っていました。通常、非行少年の面接となると、なぜ非行をやったのか、被害者に対してどう思っているかといったことをメインに聞くことが多いのですが、実はそういったことを聞いても更生にはあまり役に立たないことが分かってきました。少年院在院少年たちの幼少期からの調書を読んでみると、彼らは少年院に入るまでに、これでもか、これでもかというくらい非行を繰り返しています。少年院に赴任したての頃は、凶暴な連中ばかりでいきなり殴られるのではないか、といつも身構えていました。しかし、実際は人懐っこくて、どうしてこんな子が？　と思える子もいました。

しかし一番ショックだったのが、

・簡単な足し算や引き算ができない
・漢字が読めない

・簡単な図形を写せない
・短い文章すら復唱できない

といった少年が大勢いたことでした。見る力、聞く力、見えないものを想像する力がとても弱く、そのせいで勉強が苦手というだけでなく、話を聞き間違えたり、周りの状況が読めなくて対人関係で失敗したり、イジメに遭ったりしていたのです。そして、それが非行の原因にもなっていることを知ったのです。

その他、高校生なのに九九を知らない、不器用で力加減ができない、日本地図を出して「自分の住んでいたところはどこ？」と聞いても分からない、といったこともありました。北海道は大体みんな知っているのですが、九州を指さして「これは何？」と聞くと、「外国です。中国です」と答えた少年もいます。ひどくなると日本地図を見せても、「これは何の図形ですか？　見たことないです」という少年もいます。そんな彼らですから、「今の総理大臣は誰？」と聞いても、安倍総理の名前が出てくる少年は滅多にいません。しばらく考えて、「あ、先生、分かりました。オバマ（当時）です」と答えたりします。そのような彼らに〝苦手なことは？〟と聞いてみると、みんな口を揃えて

「勉強」「人と話すこと」と答えました。

学校で気づかれない子どもたち

では彼らは、いったい学校でどんな生活を送っていたのでしょうか。彼らの生育歴を調べてみると、大体、小学校2年生くらいから勉強についていけなくなり、友だちから馬鹿にされたり、イジメに遭ったり、先生からは不真面目だと思われたり、家庭内で虐待を受けていたりします。そして学校に行かなくなったり、暴力や万引きなど様々な問題行動を起こしたりし始めます。しかし、小学校では「厄介な子」として扱われるだけで、軽度知的障害や境界知能（明らかな知的障害ではないが状況によっては支援が必要）があったとしても、その障害に気づかれることは殆どありません。中学生になるともう手がつけられません。犯罪によって被害者を作り、逮捕され、少年鑑別所に入って、そこで初めて「障害があったのだ」と気づかれるのです。

医療少年院では、彼らにこれまでの人生を表した〝人生山あり谷ありマップ〟を書いてもらっていました。縦軸の上方向によかったこと、下方向に悪かったことを書いてもらいます。横軸は時間です。ある少年は、小学校2〜4年まで学校によく遅刻していて万引きまでしていたのですが、小学校5年になってとても熱心な先生に出会えて、〝勉強が面白い〟〝学校が楽しい〟と感じるまでになりました。万引きしていた子が学校が楽しい、勉強が楽しいと言い出したのです。きっと小学校5年時の担任の先生にとったらこの子はとても遣り甲斐のある子どもだったはずです。しかし、彼の人生は中学に入って急降下していきます。〝学校に遅刻〟〝学校をさぼる〟〝悪いことをして逮捕される〟などして、少年院に入ることになってしまいました。

しかし、どうして中学校に入って急降下したのでしょうか？　実際に少年に聞いてみたところ、「中学に入ったら全く勉強が分からなくなった。でも誰も教えてくれなかった。勉強が分からないので学校が面白くなくなり、さぼるようになった。それから悪いことをし始めた」と答えました。

つまりこの少年の場合、中学校で先生が障害に気づいてくれて、熱心に勉強への指導をしてくれていたら非行化しなかったでしょうし、被害者も生まれなかったのです。非行化を防ぐためにも、勉強への支援がとても大切だと感じたケースでした。

非行は突然降ってきません。生まれてから現在の非行まで、全て繋がっています。もちろん多くの支援者がさまざまな場面で関わってきた例もあります。でもその支援がうまくいかず、どうにも手に負えなくなった子どもたちが、最終的に行き着くところが少年院だったのです。子どもが少年院に行くということはある意味、〝教育の敗北〟でもあるのです。

褒める教育だけでは問題は解決しない

学校で気づかれない子どもたちはその後、どうなるでしょうか。

学校に行っている間は、まだ先生が目をかけてくれる可能性があります。しかし、学校を卒業して社会に出れば、もう誰も目をかけてくれません。社会ではより要求度の高い仕事を与えられます。それで失敗すると責められ、嫌になって仕事を辞め、職を転々としたり、対人関係がうまくいかずひきこもりになったりします。しかし彼らは、自分は「普通」であると思っているので自分からは支援を求めようとしません。そして彼らは社会から忘れられてしまうのです。最悪、犯罪によって刑務所に入ることもあります。刑務所に入っている人たちの中には、学校で気づかれず、社会で忘れられた人々がいることは事実なのです。

こういった子どもたちを作らないためには、早期からの発見と支援が必要です。だいたい小学校の低学年からサインを出し始めますので、そのサインを見逃さず支援していかねばなりません。

しかし、ここでまた新たな問題が出てきます。子どもからの様々なサインを見つけたとしても、どう対応しているのでしょうか。現在の支援スタイルは多くの場合、「いいところを見つけ褒める」「自信をつけさせる」といったものです。子どもの能力に凸凹があると、苦手なことはそれ以上させると自信をなくすので、得意なところを見つけて伸ばしてあげる、いいところを見つけて褒めてあげる、という方向に行きがちです。

しかし〝苦手なことをそれ以上させない〟というのは、とても恐ろしいことです。支援者は、「そこは伸びる可能性が少ない」としっかり確かめているのでしょうか。もし確かめずに「本人が苦痛だから」という理由で苦手なことに向かわせていないとしたら、子どもの可能性を潰していることになります。ある意味、支援者が障害を作り出していることにもなり兼ねません。

例えば、週に1回忘れ物をしてくる子どもがいるとします。これを「いつも忘れ物をしてくる」と見るか、逆に「週のうち4日は忘れ物をしてこない」と見るかで子どもへの対応は変わってきます。現代の「褒める教育」は、忘れ物を注意するのではなく、ほとんど忘れていない点に注目してそこを褒めて強化するスタイルです。確かに褒めてよくなることはあります。しかし、それでも週に1回忘れ物をするという状況が何も変わらないとしたら、褒めることよりも、忘れ物をしないような注意・集中力をつけさせないと問題は根本的に解決しないのです。こうした問題が発生している場合の「褒める教育」は、問題の先送りにしかなりません。

1日5分で日本が変わる

世間では、少年院に行くような少年は、手がつけられないワルで、社会に出てもどうしようもないと思われているかもしれません。確かに少年院経験者の再入院率は低くなく、成人になると刑務所にもかなりの割合で入所します。何度も入所を繰り返す累犯者もいます。そのような彼らを変えることはできないのでしょうか？　本当に彼らは勉強嫌いなのでしょうか？

決してそうではありません。私はこれまで、少年院で見る力や聞く力を養うための、頭を使うグループトレーニングを何年も行ってきました。トレーニングは1回2時間ほどかかりますが、予想に反して彼らのほぼ全員が、2時間飽きることなく集中して取り組めたのです。彼らの中には落ち着きがなく、社会でADHD（注意欠陥多動症）と診断された少年たちもいました。私が気を遣って彼らをリラックスさせようと雑談などすると、「先生、時間がなくなるから早くしましょう」と逆に叱られたりすることもありました。外部から見学に来られた先生方に、「まさか2時間もじっと座っていられるなんて信じられない」と言われることもしばしばありました。

少年院でのトレーニングの噂を聞いた他の非行少年たちが、「僕は馬鹿には自信があるんです。僕もぜひ仲間に入れてください」と頼んできたこともあります。実は、非行少年たちは学ぶことに飢えていたのです。認められることに飢えていたのです。やり方次第で、非行少年たちでもいくらでも変わる可能性があるのです。学校にいる通常の子どもならなおさらです。それには1回2時間も必要ありません。第7章で紹介しますが、朝の会の1日5分を使ってさまざまなトレーニングをすれば、子どもたちは十分に変わっていく可能性があるのです。

どうすれば非行を防げるのか。非行化した少年たちに対しては、どのような教育が効果があるのか。そして今、同じようなリスクをもっている子どもたちにどのような教育ができるのか。そうした問題意識を共有し、加害少年への怒りを彼らへの同情に変えること、それによって少年非行による被害者を減らすこと、犯罪者を納税者に変えて社会を豊かにすること、それが本書の目的です。

第2章　「僕はやさしい人間です」と答える殺人少年

ケーキを切れない非行少年たち

私は少年院で勤務するまでは公立精神科病院に児童精神科医として勤務してきました。色々と思い悩んだ末に、いったん医療現場から離れ医療少年院に赴任したのですが、そこでは驚くことにいくつも遭遇しました。その一つが、凶悪犯罪に手を染めていた非行少年たちが〝ケーキを切れない〟ことだったのです。

ある粗暴な言動が目立つ少年の面接をしたときでした。私は彼との間にある机の上にA4サイズの紙を置き、丸い円を描いて、「ここに丸いケーキがあります。3人で食べるとしたらどうやって切りますか？　皆が平等になるように切ってください」という問題を出してみました。

すると、その粗暴な少年はまずケーキを縦に半分に切って、その後「う〜ん」と悩みながら固まってしまったのです。失敗したのかなと思い「ではもう1回」と言って私は再度紙に丸い円を描きました。すると、またその少年は縦に切って、その後、悩み続けたのです。

私は驚きました。どうしてこんな簡単な問題ができないのか、どうしてベンツのマークのように簡単に３等分できないのか。その後も何度か繰り返したのですが、彼は図２―１のように半分だけ横に切ったり、４等分にしたりして「あー」と困ったようなため息をもらしてしまいました。他の少年では図２―２のような切り方をしました。そこで、「では５人で食べるときは？」と訊ねると彼は素早く丸いケーキに４本の縦の線を入れ、今度は分かったといって得意そうに図２―３のように切ったのです。

５個に分けてはいますが５等分にはなっていません。私が「みんな同じ大きさに切ってください」と言うと、再度彼は悩んだ挙句諦めたように図２―４のような切り方をしたのでした。

これらのような切り方は小学校低学年の子どもたちや知的障害をもった子どもの中にも時々みられますので、この図自体は問題ではないのです。問題なのは、このような切り方をしているのが強盗、強姦、殺人事件など凶悪犯罪を起こしている中学生・高校生の年齢の非行少年たちだ、ということです。彼らに、非行の反省や被害者の気持ちを考

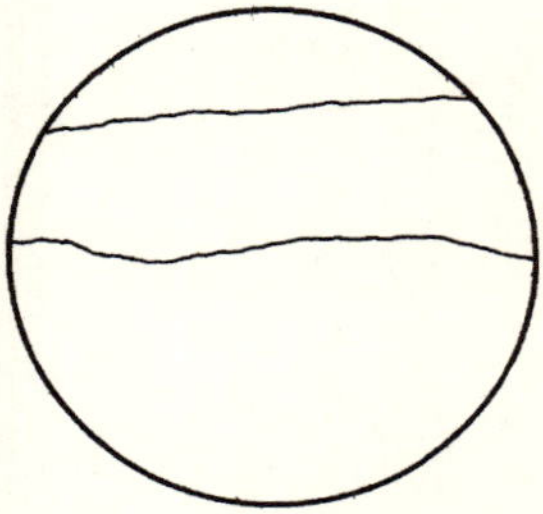

図2-1

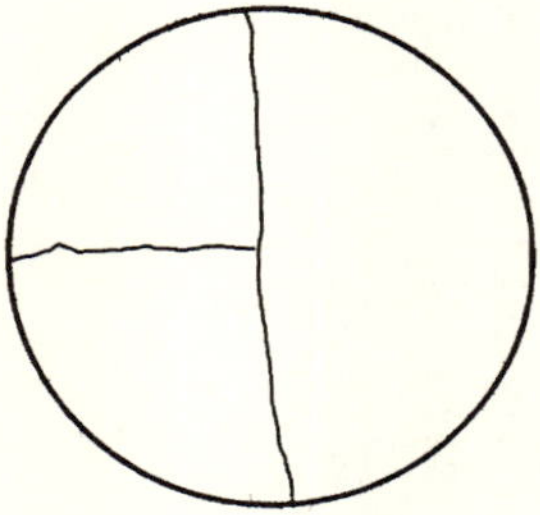

図2-2

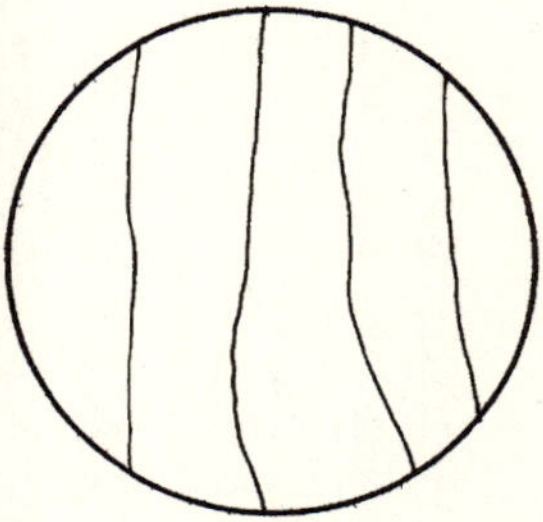

図2-3

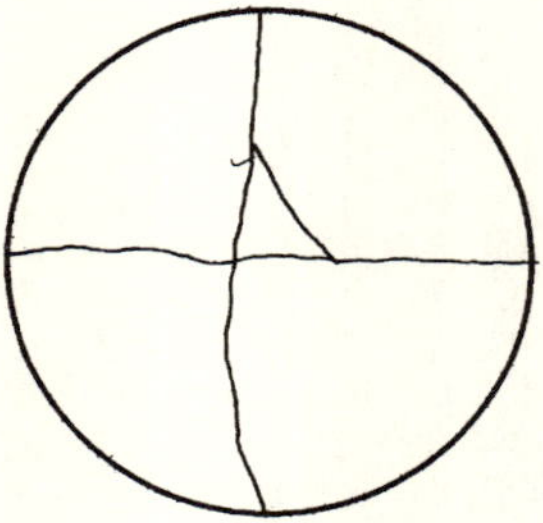

図2-4

（少年が描いたものを著者が再現）

えさせるような従来の矯正教育を行っても、殆ど右から左へと抜けていくのも容易に想像できます。犯罪への反省以前の問題なのです。またこういったケーキの切り方しか出来ない少年たちが、これまでどれだけ多くの挫折を経験してきたことか、そしてこの社会がどれだけ生きにくかったことかも分かるのです。

しかし、さらに問題と私が感じたのは、そういった彼らに対して、〝学校ではその生きにくさが気づかれず特別な配慮がなされてこなかったこと〟、そして不適応を起こし非行化し、最後に行きついた少年院においても理解されず、〝非行に対してひたすら「反省」を強いられていたこと〟でした。

計算ができず、漢字も読めない

こういった少年は他にも大勢いました。いつも少年たちへの面接では簡単な計算問題を出します。具体的には「100から7を引くと?」と聞いてみます。正確に答えられるのは半数くらいでした。

多いのが「3」「993」「107」といったものでした。「93」と正しく答えられたら次は、「では、そこからさらに7を引いたら?」と聞いてみます。すると、もうほとんどが答えることができません。「1/3＋1/2は？」と尋ねると殆どの少年たちが予想通り「2/5」と返してきます。

基本的に「漢字は読めない」ことを前提に、少年院での教材には全てフリガナがついています。新聞にはフリガナは付いていませんので、新聞を読めない少年たちも多く、自由時間に新聞を順に回して閲覧できる機会もあるのですが、少年たちが見ているのはもっぱら雑誌広告欄にある女性の写真ばかり、といった状況でした。

少年院の中ではこういった少年たちに漢字ドリルや計算ドリルをさせているのですが、大体小学校低学年レベルからのスタートです。最初から小学6年生レベルの計算ができればかなり優秀な方でした。

計画が立てられない、見通しがもてない

ルーチンの面接の中で、少年たちにどうして非行をしたのかを尋ねてみます。するとみんな、「後先のことを考えていなかった」と、口を揃えたかのような答えが返ってきます。そして、今後の目標として「これからは後先のことを考えて行動するようにしたい」と答えます。

この〝後先のことを考える〟力は計画力であり、専門用語で〝実行機能〟と呼ばれています。ここが弱いと、何でも思いつきで行動しているかのような状態になります。彼らは「ゲーム機のソフトを買う金がなかったから人を刺してお金を奪った」「女の子に興味があったけど同級生は怖いから幼女を触った」といった、思いつきに近い非行をやっているのです。

たとえば、彼らに次のような質問を投げかけたとします。

「あなたは今、十分なお金をもっていません。1週間後までに10万円用意しなければいけません。どんな方法でもいいので考えてみてください」

「どんな方法でもいいから」と言われると、親族から借りる、消費者金融から借りる、盗む、騙し取る、銀行強盗をする、といったものが出てきます。「（親族などに）借りたりする」という選択肢と、「盗む」という選択肢が普通に並んで出てくるのです。「盗む」などという選択をすると後が大変になるし、そもそもうまくいくとも限らない、と判断するのが普通の感覚でしょうが、そう考えられるのは先のことを見通す計画力があるからです。

しかし先のことを考えて計画を立てる力、つまり実行機能が弱いと、より安易な方法である盗む、騙し取るといった方法を選択したりするのです。

世の中には「どうしてそんな馬鹿なことをしたのか」と思わざるを得ないような事件が多いですが、そこにも〝後先を考える力の弱さ〟が出ているのです。非行少年たちの中にも、見通しをもって計画を立てる力が弱く、安易な非行を行ってしまう少年が多くみられました。

そもそも反省ができず、葛藤すらもてない

〝おわりに〟にも記したのですが、故・岡本茂樹先生の著書『反省させると犯罪者になります』（新潮新書）を読んだとき、私が真っ先に感じたのは、「反省できるだけでも上等ではないか」ということでした。

私が出会ってきた非行少年たちの中には、反省すらできない少年たちが大勢いました。幼女への強制猥褻をした少年に、「どうしてそんなことをやったのか？」と聞いても、たいてい「うーん」と唸るだけです。そして、考えた挙句に返ってくる答えは「触りたかったから」程度です。「被害者に対してどう思っているの？」と尋ねると「悪い」と即答します。でもこれは反省の言葉ではありません。

私は罪を犯した少年に、最初から本当の反省の言葉は期待していません。最初は嘘で誤魔化そうとしてもいいのです。時間をかけて修正していけばいいのです。せめて「やばいことをしてしまった」といった後悔がみられるだけでいいのです。そこから少しずつ更生させることができるのです。

しかし、実際の少年たちには、全くそんな気配もありません。少年院に来てみてどう感じているかと尋ねてみても、ニコニコして「まあまあ」「楽しい」と答え、そもそも自分が置かれている立場が理解できていないのです。

彼らは院内でもよくトラブルを起こします。よくあるのが同じ部屋の子が自分を見てくる、見てニヤニヤしてくる、独り言がうるさい、といったものでした。

頻繁になされる彼らの訴えは「イライラします。薬ください」でした。そのようなことで精神科薬を処方することはありませんが、最初は、みんなストレスが溜まってイライラするんだな、と感じていました。

しかし、診察を続けていると、彼らは何に対しても「イライラする」という言葉を使っていることに気づきました。担任の教官が来てくれなくてイライラ、親の面会がなくてイライラ、はまだ分かるのですが、お腹が空いてもイライラ、暑くてもイライラ、被害者に悲しい思いをさせたことに気づいて自分にイライラ、悲しいことがあってもイライラ、なのです。実は、彼らは感情を表す言葉として「イライラ」しか知らないのでした。

自分はやさしいと言う殺人少年

面接の中では他に、罪を犯した自分のことをどう思っているのかいつも聞くようにしていました。自分のことを正しく知ることが更生へのスタートだからです。

これは更生に限りません。学校でも不適応行動を起こしている子どもが「自分には問題がない」と思っていると、自分を何とか直したいという気持ちが生じず自分を変えるための動機づけができません。最初に聞くのが「自分はどんな人間だと思うか?」といった質問です。

私としては、非行少年たちには「取り返しのつかないことをしてしまった。自分は最低な人間だ」といった言葉を期待していました。少年たちの中には、家庭裁判所の処遇に納得できず「相手が悪い。僕ははめられました」という少年もいますが、それでもまだ想定の範囲内です。

しかし、私が驚いたのは約８割の少年が「自分はやさしい人間だ」と答えたことでした。どんなにひどい犯罪を行った少年たち（連続強姦、一生治らない後遺症を負わせた暴行・傷害、放火、殺人など）でも同様でした。当初、私は耳を疑いましたが、どうやら本気で思っていたのです。

ある殺人を犯した少年も、「自分はやさしい」と答えました。そこで「どんなところがやさしいのか？」と尋ねてみると「小さい子どもやお年寄りにやさしい」「友だちからやさしいって言われる」と答えたりするのです。〝なるほど〟と思いました。そこでさらに私は「君は○○して、人が亡くなったけど、それは殺人ですね。それでも君はやさしい人間なの？」と聞いてみますと、そこで初めて「あー、やさしくないです」と答えるのです。

逆にいうと、〝そこまで言わないと気付かない〟のです。いったいこれはどういうことなのか。これではとても被害者遺族への謝罪などできるはずがありません。逮捕されてから少年院に入るまでひと月以上は経っており、その間に自分の犯した非行が十分に分かっているはずなのに、です。

人を殺してみたい気持ちが消えない少年

「人を殺してみたかった」といった少年による殺人事件が数年前、世間を揺るがせました。

そういった少年たちは稀なのでしょうか。もし未成年の少年がそういった理由で殺人に至れば大事件になります。しかし、一方で〝人を殺してみたい〟と思って人を刺したけれど幸いにも被害者が亡くならなかった場合は殺人未遂になり、世間的にはそこまで大きくは報道されません。同じく〝人を殺してみたい〟という気持ちをもっていて実行しているにもかかわらず、です。私は〝人を殺してみたい〟と思っている非行少年はかなり大勢いるのでは、と感じています。実際、それを行動に移し、未遂で終わって少年院に入っている少年たちは少なからずいるのです。

では、少年院に入って教育を受けると〝人を殺したい気持ち〟は消えるのでしょうか。ある少年は、人を殺してみたくてある成人の方を刺しました。しかし、幸い一命をとりとめ、その少年は少年院に入ってきました。数年いて出院する直前になり、私との面接の流れの中でその少年はこう切り出しました。

「法務教官の先生には叱られるから殺したい気持ちは〝なくなりました〟と言ったけど、

実はまだ消えていません」

「またやってみたい」

その少年がニヤニヤしながらそう答えていたのを鮮明に覚えています。そのうち少年院の幹部たちの知るところとなり、そこから法務教官たちの態度が変わり、それが伝わったのか、もうその少年は口を閉ざしてしまいました。

特に自閉スペクトラム症（ＡＳＤ）をもった非行少年は独特のこだわりをもっている感触があります。そのこだわりがいい方向に向けば素晴らしい偉業を成し遂げることに繋がったりするのですが、例えば〝人を殺してみること〟という方向に向いたなら、それを消すことがなかなか難しいことがあります。その後は何を聞いても〝もう殺したい気持ちはない〟としか答えなくなりましたが、殺したい気持ちが消えたとは信じ難い状況でした。

２０１４年に起こった長崎・佐世保での女子高校生による同級生殺害事件にしても、事件を起こした少女から〝人を殺したい気持ち〟を消し去ることは、そう簡単ではない、と感じます。

では、こういった少年たちにはどう対処したらいいのでしょうか。第7章で、そういった気持ちにブレーキをかけるトレーニングを紹介しています。

幼児ばかり狙う性非行少年

私のいた少年院では強制猥褻や強姦未遂、強姦など、性に関する罪を犯した少年がかなり高い割合でいました。

特に多かったのが、幼児を狙った強制猥褻事件でした。性非行の事件と聞くと、概して犯人は異常な性欲の持ち主なのだといったイメージが付きまといます。私も矯正施設で勤務するまでは、そう感じていました。

確かに、中には極めて女性好きな少年たちもいました。矯正施設には外部から多くの見学者が来ます。通常、見学者は少年たちの姿を見ることはできませんが、移動中に偶然すれ違うことはあります。そのようなとき、少年たちは見学者と顔を合わさないよう背を向けるように指導されますが、どうしてもチラチラ見てしまいます。見学者は保護司の方々などが多く、概して年齢層は高いのですが、ときどき現役の女子大学生もきます。そのようなときは、少年たちの目つきが変わります。強制猥褻をやった少年の中には顔を真っ赤にして「先生、夜まで我慢できません」と訴える少年もいました。女子大学生の姿を目に焼き付けて、後で自慰行為をするのです。

しかし、幼児に強制猥褻をする性非行少年は、概して性欲が特別強いわけでもなく、大人の女性にもあまり興味がありません。むしろ大人の女性は怖いようで、「女の子は8歳までしか興味ない。9歳を超えると怖い」という少年もいました。

子どもの発達段階を理解する上で〝9歳の壁〟という概念があり、その壁を超えると子どもはガラリと変わります。その一つは、想像力が急速に発達して口達者になることです。そういう意味では〝9歳を超えると怖い〟というのは一理あるのですが、ともあれ彼らは当然、同級生の女性との健全な交際などできません。しかし女性とは仲良くなりたい。だから8歳以下の女児に興味が出てきた、というわけです。

私が面接した感じでは、最初から幼児にエッチなことをしたいというより、〝この子だったら自分のことを理解してもらえる〟と10歳以上も年下の幼女に恋心を抱くといった、対人認知の歪みからきていると思われるケースが多々ありました。

また多かったのが、アダルト動画に影響されてしまうケースです。これは発達障害をもった青年にもときどき聞かれることですが、アダルト動画で〝最初嫌がっていた女性が後になって喜び始めた〟場面を見て「強姦は実は喜んでいるんだと思った」と自分の非行理由をいう少年もいました。

第3章　非行少年に共通する特徴

非行少年に共通する特徴5点セット＋1

これまで少年院の中で数百人の非行少年と面接を繰り返してきました。質や程度はさまざまですが、彼らには、勉強が苦手、コミュニケーションが下手で対人関係も苦手、融通が利かない、思いつきで行動する、すぐに感情的になる、相手のことを考えずに行動してしまう、力加減ができない、などいくつかに分類できる類似点があることが分かってきました。

以下はその特徴の背景にあるものを6つに分類し、〝非行少年の特徴5点セット＋1〟としてまとめたものです。保護者の養育上の問題は別として、彼らの特徴は、これらの組み合わせのどこかに当てはまるはずです。

・認知機能の弱さ……見たり聞いたり想像する力が弱い

・感情統制の弱さ……感情をコントロールするのが苦手。すぐにキレる
・融通の利かなさ……何でも思いつきでやってしまう。予想外のことに弱い
・不適切な自己評価……自分の問題点が分からない。自信があり過ぎる、なさ過ぎる
・対人スキルの乏しさ……人とのコミュニケーションが苦手
+1身体的不器用さ……力加減ができない、身体の使い方が不器用

以降、この「5点セット+1」それぞれについて説明していきます。なお「+1」の身体的不器用さについては、小さい頃からスポーツ等を経験し身体機能が優れ、不器用さが当てはまらないケースもあるため、あえて「+1」としています。のちほど第7章では、この「5点セット+1」に対して、具体的にどう対処していけばいいのかを少年院教育での知見を学校教育に応用できる形でご紹介していきます。

【認知機能の弱さ】見たり聞いたり想像する力が弱い

例えば、傷害事件のきっかけとして〝相手が睨んできたから〟という理由をよく聞きます。

少年院生活の中でも他の少年に対して〝あいつはいつも僕の顔を見てニヤニヤする〟〝睨んできた〟という訴えを本当によく聞きました。しかし、実際に相手の少年に確かめてみると、その少年を見てニヤニヤしたり睨んだりしたことはなく、全く何のことか分からないといった状況でした。

この背景には見る力の弱さがあります。相手の表情をしっかり見ることができないので、相手が睨んでいるように見えたり、馬鹿にされているように感じ取ったりして、勝手に被害感を募らせてしまうのです。

また、聞く力が弱いことも同様に想定されます。聞く力が弱いと、誰かがブツブツと独り言を話しているだけでも〝あいつが俺の悪口を言っている〟といった誤解につながるからです。

認知機能とは、記憶、知覚、注意、言語理解、判断・推論といったいくつかの要素が含まれた知的機能を指します。人は五感（見る、聞く、触れる、匂う、味わう）を通して外部環境から情報を得ます。そして得られた情報を整理し、それを基に計画を立て、実行し、さまざまな結果を作りだしていく過程で必要な能力が認知機能です（図３―１）。つまり認知機能は、受動・能動を問わず、すべての行動の基盤でもあり、教育・

支援を受ける土台でもあるのです。

しかし、もし五感から入った情報が既に間違っていたり、受け取った情報を間違って整理したり、情報の一部しか受け取らない状態になっていたりしたら、どうなるでしょうか?

学校教育現場では、「匂う」「触れる」「味わう」を使うことは少なく、ほとんどが「見る力」「聞く力」を通して情報が伝えられます。もし、ここで、「見る力」、「聞く力」が図3―2のように歪んでいたらどうなるでしょうか。また、「見る」「聞く」ための情報が正しく入ったとしても間違って整理（認知）していたらどうなるでしょうか。こちらが伝えたい情報が正確に子どもに伝わらず支援が空回りしたり、子どもがどんなに一生懸命計画を立てて頑張っても最初の情報が歪んでいるので明後日の方向に向かって進んでしまう、という結果を招くのです。

また「見る力」「聞く力」を補う「想像する力」が弱いと、それらを修正することもうまくいきません。これが認知機能の弱さが引き起こす〝不適切な行動〟につながっているると考えられるのです。

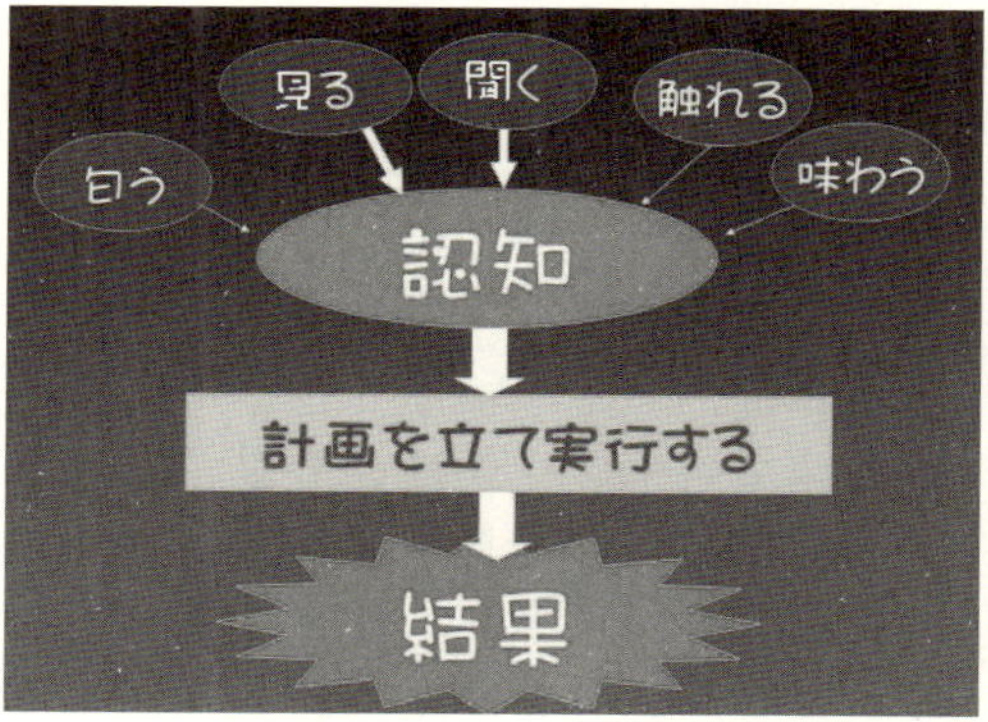
見る
聞く
触れる
匂う
味わう
認知
計画を立て実行する
結果

図3-1

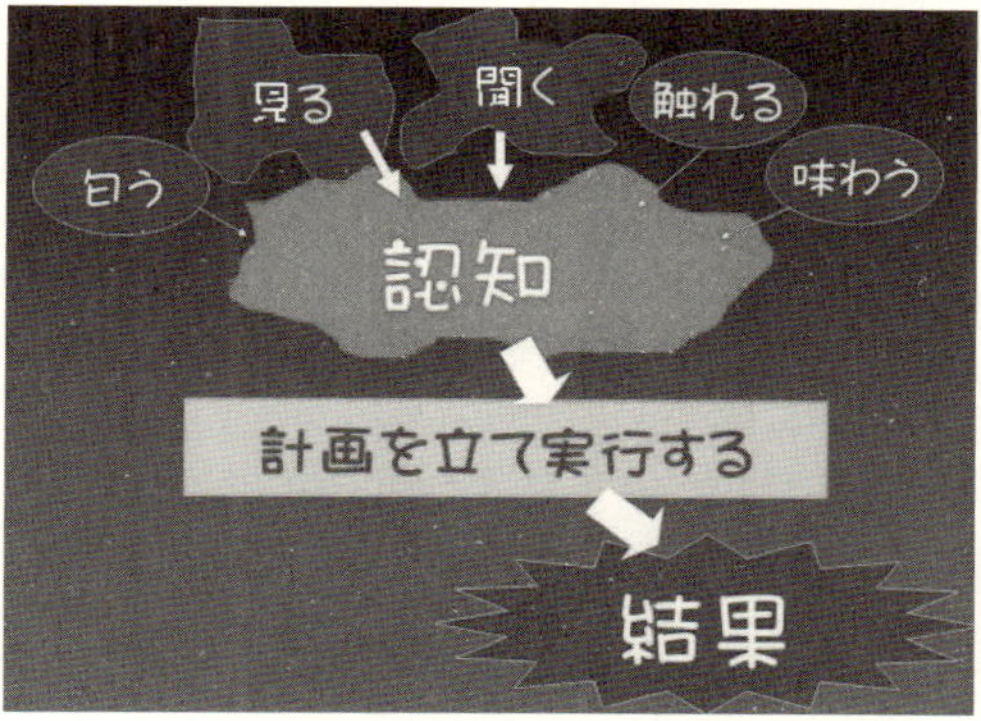
見る
聞く
触れる
匂う
味わう
認知
計画を立て実行する
結果

図3-2

「不真面目な生徒」「やる気がない生徒」の背景にあるもの

聞く力が弱ければ、例えば学校で先生が「算数の教科書の38ページをあけて5番の問題をやりなさい」と言ってもその指示が聞き取れず、何とか算数の教科書の38ページを開けたとしても、「5番の問題」までは聞き取れないかもしれません。

そこでどうしていいか分からず周りをキョロキョロしたり、ボーっとしたりしていたら、不真面目に見えるかもしれません。また何か注意すると、すぐに「はい。分かりました」と素直に答えるものの、しばらくするとまた同じことをして注意される子どももいます。こういう場合には、「ではどういうこと？」と聞き返してみますと、おそらく正確には答えられないばかりか、全く違った内容を答えたりもします。

実際は、先生の言っていることが聞き取れない、理解できないのに、先生にまた何か言われるのが嫌で分かったふりをしてしまうのです。そのために周りから、あの子は〝ふざけている〟〝やる気がない〟〝ウソをつく〟と誤解されてしまうこともあります。

見る力が弱いと、文字や行の読み飛ばしが多い、漢字が覚えられない、黒板が写せない（先生が次々に書いていくと、どこを追加したか分からない）といった学習面の弱さが生じるだけでなく、周囲の状況や空気を適切に読めないため、〝自分は皆から避けられている〝〝自分だけ損をしている〟など被害感や不公平感を募らせることにもつながります。

かつて児童養護施設の先生からこんな話を聞きました。友達とあまりうまくいっていない子どもがいて、あるとき勇気を出して友達が遊んでいる輪の中に行って「あそぼー」と声をかけたところ、皆が一斉にさーっと逃げて行ったらしいのです。それを見てその子は「僕は嫌われているんだ」と感じ、荒れ始めました。

しかし、施設の先生が後で皆に事情を聞いてみると、ちょうどそこで鬼ごっこが始まったところだったのでした。しっかり見る力がある子どもなら周りを見回して、逃げ方が何か不自然なことに気づき、鬼を見つけると「あ、そっか。鬼ごっこだからか」と皆が逃げた理由が分かって、自分から逃げたのではないと知ることができます。しかし、その子のように見る力が弱いと、自分を嫌って逃げたと思い込んでしまい、ますます被害感を高めてしまうのです。

私は、非行少年に限らず学校の困っている子ども達にはこれに類したことがよく起きていて、それが彼らの不適切な言動に結びついていることがあるのではないか、と感じています。困っている子どもに対してはまず、見る、聞くといった力に問題がないかを確認する必要があると考えます。

想像力が弱ければ努力できない

見えないものを想像する力の中で大切なものに〝時間の概念〟があります。時間の概念が弱い子どもは〝昨日〟〝今日〟〝明日〟の3日間くらいの世界で生きています。場合によっては数分先のことすら管理できない子どももいます。このような子どもは、

〝今我慢したらいつかいいことがある〟
〝1ヶ月後の部活の試合や定期試験に向けて頑張る〟
〝将来、○○になりたいから頑張ろう！〟

といった具体的な目標を立てるのが難しいのです。

目標が立てられないと人は努力しなくなります。努力しないとどうなるでしょうか。二つ困ったことが生じます。一つは、努力しないと成功体験や達成感が得られないため、いつまでも自信がもてず、自己評価が低い状態から抜け出せないことです。もう一つは、

努力しないと〝他人の努力が理解できない〟ことです。

例えば、非行少年の中には原付バイクを簡単に盗む少年が大勢います。原付バイクは新車で買うと20万円前後します。それを買うためには例えばアルバイトで稼ぐ必要がありますが、そう簡単には手に入りません。人によっては何ヶ月も生活を切り詰め、一生懸命働いて、ようやく手に入れられるものです。

しかし、他人の努力が理解できないと、他人が努力してようやく原付バイクを手に入れたということにも思い至らないので、簡単に盗んでしまったりするのです。何ヶ月も働いて手に入れた「努力の結晶」という思いを想像することができないから起こる行動なのです。

想像力が弱いと、「今これをしたらこの先どうなるだろう」といった予想も立てられず、その時がよければそれでいいと、後先考えずに周りに流されてしまったりします。このように、認知機能の弱さは勉強が苦手というだけではなく、さまざまな不適切な行動や犯罪行為につながる可能性があるのです。

悪いことをしても反省できない

認知機能が弱い非行少年は、矯正教育を行っても積み重ねができません。つまり、「今日はここまで学んでもらったから、次はここから学んでもらおう」と指導する側が思っていても、以前学んだ内容がすっかり抜けてゼロに戻っているので、教育が空回りしてしまうのです。

被害者の手記などを読ませようとしても、まずは文字をちゃんと読ませる段階から始める必要があります。また、もし読めたとしても、「この被害者は何を言っているのか難しすぎて分かりません」と答えて首をかしげていたり、「分かりました」と答えていても全く異なる理解をしている、といった場合が非常に多いのです。少年たちは決してふざけているわけではないのですが、こちらが伝えたいことが伝わらないという状態です。まさに〝反省以前の問題〟なのです。

私が働いていた医療少年院にいる彼らは、それぞれ非常に重大な事件を起こしてそこにやってきています。だからといって、最初から反省させようとしても、あまり効果は期待できません。矯正教育は、本人たちの発達レベルに応じた「見る力」や「聞く力」といった、もっと根本的な認知機能の底上げから始める必要があると思います。

ところが、現在の矯正教育では本人の理解力などあまり考慮しません。ひたすら矯正局から指定された難しい教材を黙々とやらせていることが多いのです。少年たちも「分からない」と答えると叱られるので、分かったふりをしている、という状態なのです。

同じことは学校教育にも当てはまります。悪いことをした子がいたとして、反省させる前に、その子にそもそも何が悪かったのかを理解できる力があるのか、これからどうしたらいいのかを考える力があるのか、を確かめなければなりません。もしその力がないなら、反省させるよりも本人の認知力を向上させることの方が先なのです。

【感情統制の弱さ】感情を統制できないと認知機能も働かない

人の感情には、大脳新皮質より下位部位の大脳辺縁系が関与しているとされています。五感を通して入った情報が認知の過程に入る際に「感情」というフィルターを通りますので、感情の統制が上手くいかないと認知過程にも様々な影響を及ぼします。我々大人でもカッとして感情的になると冷静な判断がしにくくなるのはこのためです。したがって感情統制の弱さは不適切な行動にもつながっていきます。

気持ちを言葉で表すのが苦手、すぐ「イライラする」と言う、カッとするとすぐに暴力や暴言が出る、という子どもたちがいます。こういった子どもたちは何か不快なことがあると心の中でモヤモヤしますが、いったい自分の心の中で何が起きているのか、どんな感情が生じているのかが理解できず、このモヤモヤが蓄積しやがてストレスへと変わっていきます。

時間が経てばストレスは次第に減っていきますが、不快なことが続けばどんどんストレスが溜まっていきます。するとそれを発散せねばなりません。その発散方法を間違えれば、いきなりキレて暴力事件や傷害事件、性加害といった犯罪をおこす、という結果につながりかねません。

ストレス発散のために性非行

特に性非行を行う少年たちの中には、ストレスをいっぱい溜めこんでいるケースが多い印象があります。

私の勤務していた医療少年院では、性非行少年がいつも多くの割合を占めていました。そしてほぼ例外なく（95％くらいでしょうか）、彼らは小学校や中学校でイジメ被害に遭っていました。イジメ被害で計り知れないストレスを溜め、そのストレス発散に幼女への猥褻行為を繰り返していたというケースがほとんどでした。イジメ被害者は新たな被害者を生んでいたのです。

ある性非行少年は感情を表現するのがとても苦手でした。そこで私は彼に気持ちの日記というものを書かせたことがありました。日付の横に、

・よかったこと――そのときの気持ち
・悪かったこと――そのときの気持ち

といった欄をもうけて、そこに日記形式で出来事と気持ちを書くという簡単なものでした。

しかし、開始してから10日間は〝何もありません〟ばかりが続きました。やはり書けないのかと諦めかけましたが、もう少し続けてみることにしました。すると11日目から《悪かったこと――そのときの気持ち》の欄に、とても小さな字で枠いっぱいにびっしりと書き始めたのです。そこには以下のようなことが書き連ねてありました。

〝僕はみんなと同じように掃除をやっていたのに、先生は僕だけしていないと言ったのでむかついた〟
〝なんで先生は僕ばかり注意するのか腹がたった〟
〝電話がなっていたので先生に教えてあげたのにやかましいと言われた。親切に教えたのにむかついた〟

日記には、このような不平不満がそれから毎日記され続けました。しかし、彼は決してこれらを言葉として出すこともなく、悶々と怒りを溜めていたのでした。この傾向は学校でイジメに遭っていた頃からもっていたと思われ、彼はそのストレス発散のために、毎日のように小さい女の子を見つけては公衆トイレなどに連れていき、猥褻行為を続けていたのでした。

〝怒り〟の背景を知らねばならない

感情の中で最も厄介なのはやはり〝怒り〟です。では〝怒り〟の原因は何でしょうか？

非行少年のみならず、一般の学校の子どもたちでも、対人トラブルのもとになるのが、〝馬鹿にされた〟と〝自分の思い通りにならない〟といったものです。これらはさらに、それぞれの個人の思考パターンによって怒りの程度が異なってきます。

例えば、A君とB君がいるとします。2人がある同じ仕事をやった際に、Cさんから、「それは違うよ」と言われたとします。これをB君は「Cさん、親切に有難う」と考えるのに対し、A君は「うるさい、馬鹿にしやがって」と考えるとしますと、同じCさんからの「それは違うよ」といった声かけに対し、違う受け取り方をしている、ということになります。好意的に受けとるか、被害的に受けとるかは、それぞれの思考パターンによります。どちらが〝怒り〟に繋がるかは、容易に想像できると思います。

ではA君の被害的な思考パターンはどうやって生まれるのでしょうか？　多くの場合、それまでの対人関係のあり方（親からの虐待やイジメ被害を受けていたなど）に基づく要因と、A君の〝自信のなさ〟が関係しています。

自分に自信がないと自我が脆くて傷つきやすいので、〝また俺の失敗を指摘しやがって〟と攻撃的になったり、〝どうせ俺なんていつも駄目だし……〟と過剰に卑下したりして、他者の言葉を好意的に受け取れないのです。

自信がもてない原因には、〝対人関係がうまくいかない〟〝勉強ができない〟〝じっと座っていられず注意ばかりされている〟〝忘れ物が多く叱られている〟〝スポーツができない〟〝運動が苦手〟などがあります。さらにそうなる原因として発達障害、知的障害、境界知能があることもあります。

怒りのもう一つの背景として〝自分の思い通りにならない〟といったものもあります。これは「相手への要求が強い」「固定観念が多い」といったことが根底にあります。相手に〝こうして欲しい〟と願う要求の強さや、〝僕は正しい〟〝こうあるべきだ〟といった歪んだ自己愛や固定観念が根底に強くあるのです。

例えば道で人とすれ違ったときに、肩がぶつかったとして、こっちが謝ったのに相手が何も言わなければ、少しムカッとすることがあるかもしれません。それは「ぶつかったら謝るべきである」といった固定観念があるからなのです。当然、相手が自分の思い通りに動いてくれることは稀です。すると固定観念に反した相手に対する〝怒り〟が生じ、その行動は〝怒り〟に基づいたものとなり、上手く処理できないと突然キレたりするのです。

〝怒り〟は冷静な思考を止める

〝怒り〟は冷静な思考を止めます。カッとなると冷静な判断ができません。

例えばA君が昼食時に学食で並んでいるとします。そこにB君がやってきて、列に気付かずにA君の前に割り込んでしまい、その様子を既にお皿を取ってレジに並んでいたCさんが見ていたとします。割り込まれたA君はB君にムッとして、大声で怒鳴ります。B君はA君が列に並んでいたことに気が付かず、ワザと割り込んだ訳ではないもののA君から突然怒鳴られ驚き、そして逆ギレしそうな勢いです。Cさんは「A君はそこまで怒らなくてもいいのに。B君もすぐに謝ればいいのに」と感じています。

A君はちゃんと列に並んでいたのにB君に割り込まれたので、カッとなって怒鳴り、B君は冷静になればCさんのように、割り込まれた相手の気持ちを想像してどうすべきか分かるのですが、自分がその当事者になると驚きや怒りのため適切な行動が取れないのです。

〝怒り〟の感情は図3―3のように冷静な思考を止めてしまい、ある出来事に対して考えずにすぐに反応する（すぐにキレる）という行動につながりがちなのです。我々大人でもカッとなったら判断を誤ることがありますが、子どもならなおさらです。

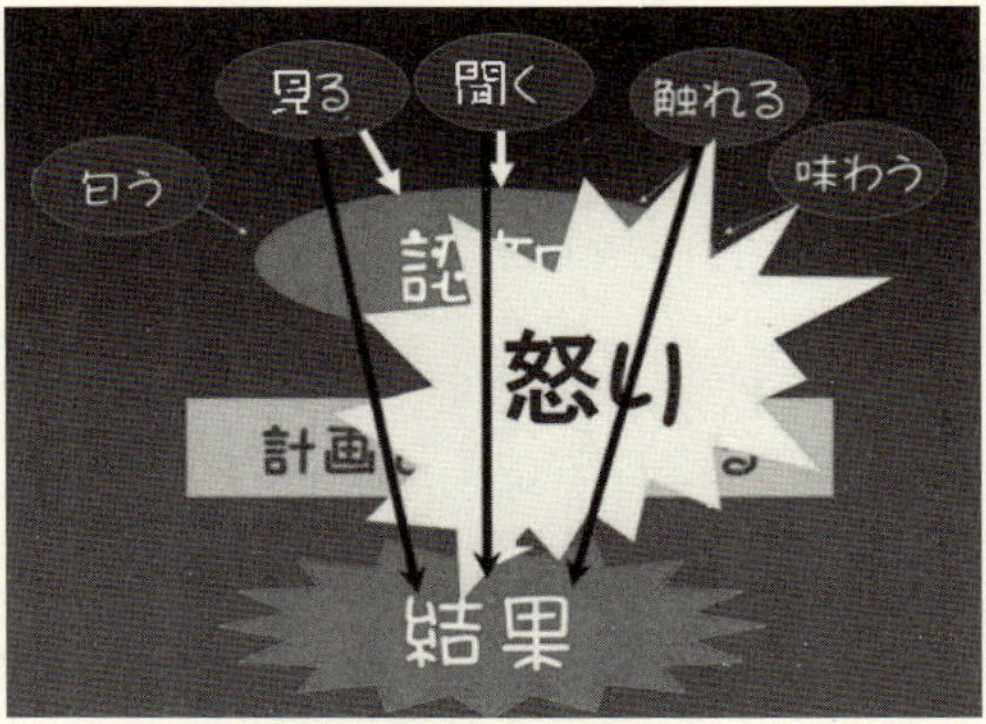

図3-3　怒りは冷静な思考の妨げとなる

感情は多くの行動の動機づけである

感情統制が大切なもう一つの理由に、感情は多くの行動の動機づけになっていることがあります。

例えば、今これを読まれている皆さんは、この本のタイトルを見て、または目次を少し見てみて、「ちょっと読んでみたい」と思われたから、いまこうして読んでいるのではないでしょうか？　我々は、〝あのアーティストのコンサートに行きたい〟〝久しぶりに友だちと会いたい〟、という気持ちがあるからこそ、コンサートに行ったり、友人と会ったりするのです。〝〇〇したい〟という気持ちがあるから、何らかの行動が生起されるのです。無条件反射を除くと、感情が人間のほとんどの行動を支配していると言っても過言ではないでしょう。

厄介なのは「ストレス発散に、〇〇をしたい」という文章の〇〇に、〝万引き〟〝痴漢〟などといった不適切な言葉が入る場合です。不適切な感情が不適切な行動を生み出してしまいます。これらに対処する方法としては、

① ストレスが溜まらないように生活を見直す
② ○○に〝スポーツ〟、〝買い物〟などを代わりに入れる
③ ○○したい気持ちを下げる

といったものが考えられます。①と②はその場ですぐに対処できるものでなく、時間と労力が必要ですが、一旦うまくいけば効果が期待されます。

一方で、③は気持ちを下げればいいので即効性がありますが、どうやって不適切な気持ちを下げるかが大きな課題になります。「○○したい」という気持ちは、その人間のそれまでの生育歴、生活パターン、思考パターン、対人関係パターン、倫理観などが関係してきます。これらを変えることはなかなか困難です。認知行動療法は主に不適切な思考パターンの修正を扱っています。

【融通の利かなさ】頭が硬いとどうなるのか？

我々は、何か困ったことがあれば、いくつかの解決案を考えます。「Aの方法」「Bの方法」「C」「D」「E」……といくつか選択肢を考え、どの方法がいいか吟味し、選択

して、実行し解決を目指します。上手くいかなければ他の選択肢を選び直し、再度実行していきます。ここで重要になってくるのは解決案のバリエーションの豊富さと、状況に応じて適切に選択肢を決める〝融通を利かせる〟力です。頭の柔らかさと言いかえてもいいかも知れません。

例えば、〝お金が必要であるがお金がない〟といった困った状況にあるとします。それに対して、

A：アルバイトをする
B：親族から借りる
C：宝くじを買う
D：強盗する

といった解決案が出るとします。Dという案を選べばその後どうなるかを考えると、通常でしたら選ばないでしょう。もっと他の解決案がひらめくかもしれません。

しかし頭が硬い、つまり融通が利かず、Dの解決案しか出てこなければどうなるでし

ょうか？　お金がなくなる度に強盗を繰り返すことになります。これが不適切な行動を繰り返してしまう頭の硬さなのです。

ＢＡＤＳ（遂行機能障害症候群の行動評価）

私が非行少年たちの融通の利かなさに気づいたのは、面接の中で「日本版ＢＡＤＳ（遂行機能障害症候群の行動評価）」という神経心理学検査を少年たちにしたときでした。ＢＡＤＳはもともと、高次脳機能障害などの脳損傷患者の遂行機能を評価する方法として開発されたものです。遂行機能は実行機能とも呼ばれ、日常生活で問題が生じた際に、それを解決するために計画を立て、効果的に実行する能力です。ちょうど先ほどの〝お金が必要であるがお金がない〟といった場合にどうするかというケースと同じです。

概して高次脳機能障害ではＩＱは高いままなのですが、計画を立てて実行することなどができなくなります。ＩＱは問題がないので周囲になかなか理解されず、日常生活でさまざまな困難が生じますが、ＢＡＤＳを使うとその困難の程度がよく分かります。ＢＡＤＳはそれを机上の検査で評価できるのです。

私はこのＢＡＤＳを少年院に入ってきた非行少年たち皆に行いました。どうしてＢＡ

DSを少年たちにしようと思ったのかと言うと、少年たちの中にはIQは高いのにどうも要領の悪い少年や、逆にIQは低いのに要領よくて賢いなと思わせられた少年が何人もいたからです。IQはWISC（ウィスク）やWAIS（ウェイス）といった知能検査を行って測るのですが、それらIQ検査では彼らの真の賢さを適切に評価できていないことに気づいたのです。第6章でも紹介しますが、現在の知能検査だけでは彼らの能力や生きる力を正しく評価できないのです。

BADSの検査の中に「行為計画検査」というものがあります。透明な細長い円筒の中にコルクが入っています。その隣には真ん中に小さな穴が開いた蓋が被さった水の入ったビーカーが置いてあります。そして手元には先の折れ曲がった針金、透明の円筒状の筒と蓋が置かれています（図3—4）。ルールは、手元の針金と透明の円筒状の筒と蓋の3つだけを使って、コルクを取り出すこと。但しコルクの入った筒や、ビーカーは手で触ってはいけません。

この問題に対する答えは以下の通りです。まず、透明の円筒状の筒と蓋でコップを作ります。次に先の曲がった針金でビーカーの蓋をあけ、コップを使って水を汲みます。そしてその水をコルクの入った筒に入れてコルクを浮かせて取る、という手順です。何

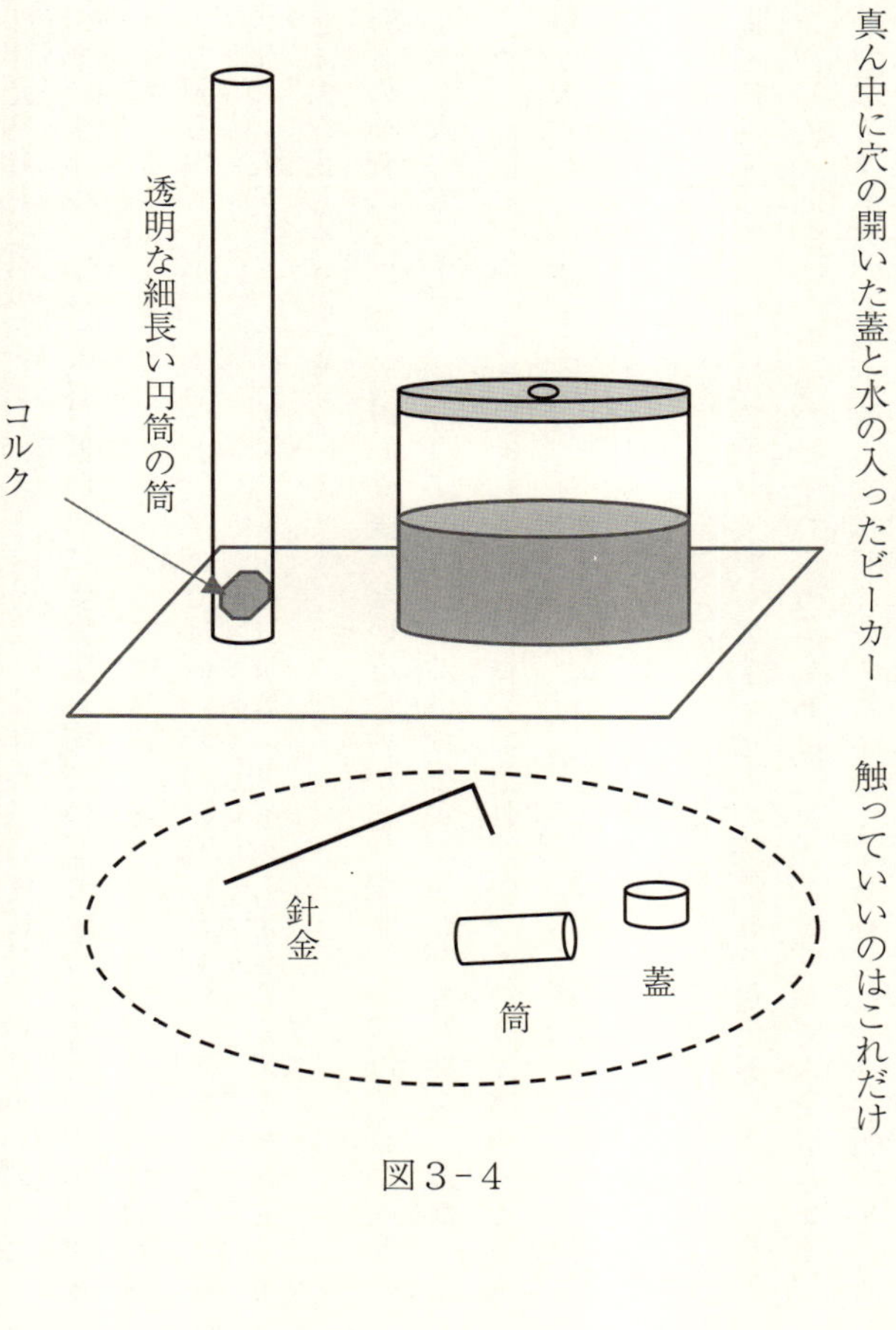
真ん中に穴の開いた蓋と水の入ったビーカー
触っていいのはこれだけ
透明な細長い円筒の筒
コルク
針金
筒
蓋

図3－4

手か先まで考えて計画を立てないと解けない課題ですが、健常な少年であれば通常はすぐにできます。

しかし融通が利かない非行少年たちはどうするかというと、いきなり針金でコルクの入った長い筒をつつき、コルクを取ろうとします。しかし針金が短いのでコルクには届きません。無理と分かってもひたすら続けたり、コップを作る筒や蓋でコルクの入った長い筒をペタペタ叩いたりして、制限時間が過ぎてしまいます。横に置いてある水の入ったビーカーには目を向けないのです。「どうしてこんなところに水があるのだろう」といった疑問すら湧きません。目の前のコルクにしか目が向かず、水を使うといった解決策が出てこないのです。とても頭が硬いと感じました。これでは、悪友に悪いことを誘われたら躊躇なくやってしまう訳です。

学校にも多い「融通の利かない子」

学校でも融通が利かず頭の硬い子がいます。そういった子はやはり解決案が一つかよくて二つしか出てきません。一つしか出てこないと、それが最適な解決案かどうか分かりませんし、また過去に同じ失敗をしていても何度も同じ間違いをしてしまうのです。

こうした態度は、日常生活では、次のようなことにもつながります。

・思いつきでやることが多い➡一旦考えることをせずに直ぐに行動に移してしまう。気づきが少ない。見たものにすぐに飛びつく。騙されやすい。過去から学べず同じ間違いを繰り返してしまう。

・一つのことに没頭すると周りが見えなくなる➡やる前から絶対こうだと思って突き進む。思い込みが強い。一部にしか注意を向けられず、様々なヒントがあっても注意を向けられない、見落としてしまう。

このような融通の利かない子どもや頭の硬い子の特徴が出やすい問題があります。たとえば次のような問題です。簡単な計算問題（例えば100－7は？）に答えさせた後に、

問「5個のリンゴを3人で平等に分けるにはどうしたらいいですか？」

という問題を出してみます。

回答としては一般的に、大きく二つに分かれます。一つは、1個のリンゴを全て3等分し15個にしてそれを3人に5個ずつ分けていく方法です。間違いではありませんが、わざわざそんなに手間をかけなくても、まず一人に1個ずつリンゴを配り、残りの2個を3人でどうやって分けるかを考えた方が手間やトラブルが少なそうです。

中には「正確に3等分にしないといけない」といってリンゴをジューサーにかけ液体に変え、それを3等分するというかなり神経質な回答もありました。

しかし、融通の利かない子どもも、頭の硬い子どもの答えは少し違います。

「先生、これは計算問題ですね。5÷3ですね……1.6666……割り切れません。分けられません」

決して計算問題を出しているのではないのですが、最初に出した計算問題に引きずられ〝これは計算の問題だ〟と思い込んでしまい、柔軟に融通を利かせてリンゴを分けることに思い至らないのです。

このような子どもたちは、何らかの問題に対して、直ぐに答えを出してしまいます。

時間をかけて〝ちょっと待てよ。ほかに方法はないかな〟といった柔軟な思考や違った視点を持つことがとても苦手なのです。これらは対人関係においても様々なトラブルに結び付いてしまいます。

融通の利かなさが被害感につながる

少年院の少年たちにとくに感じたことの一つに、「変に被害感が強い」ということがあります。少年院では毎日の日課が細かく決まっていて、日課に集団で向かう際に少年たちがすれ違うことが多いのですが、すれ違う際に少し目があっただけで〝あいつがにらんできた〟、肩が触れてきただけで〝ワザとやりやがった〟、舌打ちされると〝自分に向かってやってきた〟、周りでヒソヒソ話をしていると〝自分の悪口を言っている〟といった訴えが実に多いのです。

本当なのかもしれませんが、一方で、

〝ひょっとして自分の勘違いじゃないか？〟
〝気のせいじゃないか？〟

〝ワザとじゃないのでは？〟

といった考えが全く出てこないのです。〝絶対そうだ〟と思い込んで修正が利かない、思考が硬い子がとても多いのです。こうしたささいな出来事に対する思い込みが積もり続けていくとどんどん被害感が強まり、何かの拍子にいきなり少年どうしで殴り合いになる、というような事態が起こります。これも融通の利かなさ、思考の硬さが原因となっているのです。

【不適切な自己評価】　自分のことを知らないとどうなるのか？

ある少年に不適切な誤りがあった場合、その少年がそれを正したいという気持ちを持つには、まず〝自分の今の姿を知る〟といったプロセスが必要になります。自己の問題や課題に気づかせ、〝もっといい自分になりたい〟といった気持ちを持たせることが、変化のための大きな動機づけになるのです。

ところが、もしここで、多くの問題や課題を抱える人が、〝自分には問題がない〟〝自分はいい人間だ〟と信じていて、自己の姿を適切に評価できていなければどうなるでしょうか？　自己へのフィードバックが正しく行えず、「自分を変えたい」といった動機づけも生じないので、誤りを正せないばかりか対人関係においても様々な不適切な行動につながってしまうのです。

例えば少年院では、

・自分のことは棚に上げて、他人の欠点ばかり指摘する
・どんなにひどい犯罪を行っていても自分はやさしい人間だという
・プライドが変に高い、変に自信をもっている、逆に極端に自分に自信がない

といった少年たちがみられました。殺人事件を起こしている少年でさえも「自分はやさしい人間だ」と言ったことに驚かされましたが、同時に「この自己への歪んだ評価を何とか修正せねば更生させることはできない」と課題の所在も強く感じさせられました。

なぜ自己評価が不適切になるのか？

ではなぜ彼らは適切な自己評価ができないのでしょうか？　それは適切な自己評価は

他者との適切な関係性の中でのみ育つからです。例えば、

〝自分と話しているとAさんはいつも怒った顔をしている。自分はAさんから嫌われている気がする。自分のどこが悪かったのだろう〟

〝あのグループのみんなはいつも笑顔で私に接してくれる。きっと私はみんなから好かれているんだ。意外と私は人気があるのかも〟

といったように、相手から送られる様々なサインから、「自分はこんな人間かもしれない」と少しずつ自分の姿に気づいていくのです。

心理学者のゴードン・ギャラップは、集団の中で普通に育った野生のチンパンジーと、集団から隔離して飼育したチンパンジーの自己認知の発達を比較しました。すると、隔離して飼育したチンパンジーには自己認知能力を示す徴候がみられなかったことが判明しました。

人も同様です。無人島で独り暮らしをしていると、「本当の自分の姿」は分かりません。つまり、自己を適切に知るには、人との生活を通して他者とコミュニケーションを

行う中で、適切にサインを出し合い、相手の反応をみながら自己にフィードバックするという作業を、数多くこなすことが必要なのです。

ところが、もしこちらが相手からのサインに注意を向けない、一部の情報だけ受け取る、歪んで情報を受け取る（相手が笑っているのに怒っていると受け取ったり、怒っているのに笑っていると受け取ったりする）とどうなるでしょうか？ 自己へのフィードバックは歪んでしまいます。適切な自己評価には偏りのない適切な情報収集力が必要なのです。サインを上手くキャッチするためには相手の表情を正確に読み取ったり、相手の言った言葉を正確に聞き取ったりするなどの〝認知機能〟がここでも関係しているのです。

逆に「僕は自分が嫌いだ、好きなところなんてない、いいところもない」と答えるなど、自己肯定感が極端に低い少年もいます。自己肯定感が低いと、

〝どうせ自分なんて……〟

と被害感を募らせ、ひいては怒りへとつながる可能性があります。

つまり、何事においても自己評価が不適切であれば、対人関係でトラブルを引き起こし、不適切な行動に結びつく可能性があるのです。

【対人スキルの乏しさ】対人スキルが弱いとどうなるのか？

我々が最もストレスと感じることの一つに、対人関係のトラブルがあります。様々な場面で対人関係がうまくいかないと、職場や日常生活においてストレスが溜まりますし、トラブルにもつながります。

これは子どもたちも同様です。対人スキルが弱い子どもたちが特に困ることは、主に二つあります。

・嫌なことを断れない……悪友からの悪い誘いを断れないなど

・助けを求めることができない……イジメに遭っても他者に助けを求めることができないなど

があります。悪いことを断れないと流されて非行化してしまいますし、助けを求めることができないと心に深刻なダメージを残します。

対人スキルの乏しさは様々な要因から生じます。生育環境や性格的なもの、自閉スペクトラム症など発達障害によるものなども考えられますが、認知機能の弱さが対人トラブルにつながることもあります。例えば、

・聞く力が弱い→友達が何を話しているか分からず話についていけない
・見る力が弱い→相手の表情やしぐさが読めず、不適切な発言や行動をしてしまう
・想像する力が弱い→相手の立場が想像できず、相手を不快にさせてしまう

見る力や聞く力、想像する力といった認知機能の弱さのため、相手の表情や不快感が読めない、その場の雰囲気が読めない、相手の話を聞き取れない、話の背景が理解できず会話についていけない、会話が続かない、行動した先のことが予想できない、といったように、うまくコミュニケーションが取れないのです。そのためイジメに遭ったり、友だちができないので悪友の言いなりになる、といった非行につながる可能性が生じるのです。

嫌われないために非行に走る？

非行に走る少年たちの中には、対人スキルが苦手な少年をよくみかけます。彼らとの面接で〝苦手なことは？〟と聞くと「勉強」「人と話すこと」と答えます。

社会で彼らは、友だちとうまくコミュニケーションが取れないために、友だちから嫌われないよう、もしくは認めてもらうために、ある行動に出ることがあります。例えばその少年が何かふざけたことをして、周りの友だちから「お前、面白い奴やなあ」と言ってもらえたりすると、「ふざけ行為」は強化されて、次第に悪いこと（万引きや窃盗など）につながっていき、そこで自分の価値を見出すようになったりするのです。悪友から悪いことに誘われても、嫌われたくないので断ることもできません。詳しく聞いてみると、非行化は彼らなりの生き残りの手段だったりします。気が弱く流されやすくて何でも悪友の言うことを聞いてしまう、ある意味〝やさしい子〟ほど、流されて非行に走る傾向もありました。

もっと現実的な問題もあります。現在、第3次産業であるサービス業が全職業の約7割を占めると言われています。昔に比べ、自然界に働きかけて生計をたてる第1次産業や、職人仕事のような第2次産業は激減し、人間関係が苦手だからといって人間関係に重きを置かない職業を選んではいられなくなりました。つまり、対人スキルに問題があると、仕事を選ぶ上でも不利になるのです。対人関係が苦手で、就活で何十社からも面接で落とされたりする学生はざらにいます。

一方、対人スキルがトレーニングできる機会は確実に減ってきました。SNSの普及で、直接会話や電話をしなくても、指の動きだけで瞬時に相手と連絡が取れます。携帯電話がまだ普及していないその昔、相手の家に電話をかける時には、本人以外の家族が出ることが多くありましたので、それなりに電話をかける時間帯や言葉遣いなどの最低限の礼儀は心得ていなければなりませんでした。今ではそんな必要はなくなりました。

性の問題行動につながることも

対人スキルの力が最も試されることの一つに、異性との交際があります。

例えば、ある男性が意中の女性と付き合いたいと思ったとき、「デートしたい」といった気持ちを、いつ、どのようなタイミングで、どうやって伝えるかには、とても高度な対人スキルが必要です。デートに誘えたとしても、女性との距離を縮めるためには、さらなる対人スキルが必要になってきます。相手に〝つき合って欲しい〟と伝えたとしても、時期が早過ぎたり、脈がない場合もあったりしますので、事前に十分に相手の気持ちを読み取っておく必要がありますが、それにもスキルがいります。こうしたプロセスの途中で相手の気持ちを見誤り、自分の思い込みで一方的に進んでしまうと、ストーカー行為や性の犯罪行為につながってしまうこともあるのです。

性犯罪の中には、「相手の同意があった」と勘違いして一方的に行為に及び、結果的に強制猥褻や強姦になってしまったケースも多くあると想像されます。知的障害や発達障害をもった性非行少年の中には特にそういった思い込みが強い少年もいて、「相手の女の子が僕を誘ってきた。僕は騙された」となかなか主張を曲げない子もいます。相手の気持ちを想像するのが苦手、こだわりがある、といった発達障害の特徴は、微妙なやり取りが必要な男女関係でいえば、性の問題行動のリスクが高くなるかもしれません。

私はこれまで、少年院で性非行少年の再非行防止のためのグループワークを行ってきました。その中で、猥褻行為をやった少年にその理由を聞いてみると、最初はたいてい「性欲だった。どうしても女の子のアソコをみたかった」と言ったりしますが、グループワークを進めていくうちに、次第に「色んなストレスが溜まっていて、その発散のために猥褻行為をやった」というふうに変わっていきます。

そこでの一番のストレスの原因は共通しています。〝イジメ被害〟です。つまりイジメを受けたストレス発散のために、小さな女の子をターゲットにして性非行を行っていたケースが非常に多かったのです。イジメは、その当事者だけでなく新たな被害者を生んでいたのです。発達障害や知的障害のため対人スキルが乏しく、イジメ被害に遭い、さらに性非行につながっていった少年たち。これぞまさに〝被害者が加害者になる瞬間〟です。

【身体的不器用さ】身体が不器用だったらどうなるのか?

非行少年の中には、身体の使い方が極端に奇妙で、不器用な少年たちがしばしば目につきました。

少年院での体育の時間には、

〝野球でキャッチャーをやっていた少年がボールを一塁に投げたのに、少年の右側の近くにいる教官に向けてボールが飛んでいった〟

〝サッカーでゴールにボールを蹴るところを相手の脚を蹴り、一試合で何人も捻挫した〟

といったことが起こり、少年院の日々の生活でも、

〝洗面台の水道蛇口を回し過ぎて蛇口をもぎ取ってしまった〟
〝トイレで便器の外ばかりに小便をしてトイレを汚し続けた〟

など、「わざとやった」と言われても仕方がないような動きをする子がいました。

社会でも、

〝皿洗いのアルバイトをしていたが何度も皿を割ってしまいクビになった〟
〝お客さんに料理を出すときに、ドンっと勢いよく置いてしまいお客さんとトラブルになった〟
〝建設現場で親方に危ないと怒鳴られてばかりで嫌になって辞めた〟

といった就業上のエピソードや、

〝喧嘩で相手の頭を軽く踏みつけただけなのに頭蓋骨を陥没させてしまった〟

〝じゃれ合っただけなのに相手に大怪我をさせたと言われ傷害罪で逮捕された〟

といった非行に関するエピソードもありました。少年院を出て真面目に働こうとしても、身体的不器用さ故に仕事をクビになり職を転々としたり、本人にはそのつもりがなくても傷害罪になったりしていたケースがみられたのです。

それに加え、彼らはたいてい認知機能の弱さも伴っていました。認知機能の弱さがあると、サービス業に就くよりも建設現場で土木作業員といった肉体労働に就く傾向があります。しかし、身体の使い方が不器用であると、そういった肉体労働でも問題を起こして仕事が続かず、生活ができなくなるのです。安定した就労は再非行防止に欠かせない要素ですが、身体的な不器用さが就労のハードルとなり、再非行のリスクを高めているのです。

不器用さは周りにバレる

身体的不器用さについては、発達性協調運動症といった疾患概念があります。協調運動とは、別々の動作を一つにまとめる運動です。例えば、皿を洗う時、皿が落ちないように一方の手で皿を摑み、もう一方の手でスポンジを握って皿を擦るという、2本の手が別々の動作を同時に行う高度な協力が必要です。これが協調運動です。身体的不器用さはこの協調運動に障害があるため、粗大な協調運動（身体の大きな動き）や微細な協調運動（指先の動作）に困難を来すのです。5～11歳の子供で約6％いるとされています。

身体的不器用さは、協調運動が必要とされる日常生活上の身体活動の獲得や遂行に困難さを生じます。手先の器用さと言われる微細運動には、靴紐を結ぶ、ボタンをかける、といった身体的な自立をする上で重要な動きや、字を書く、ハサミを使う、折り紙を折る、楽器を演奏する、といった創作的活動に必要な動きがあります。身体的不器用さは、スポーツが苦手というだけでなく、身辺自立や創作活動などに支障を来すことも懸念されます。かつて身体的不器用さは成長につれ自然消滅すると考えられていましたが、青年期に入ってもなお持続している例も数多く報告されています。
しかも、身体的不器用さはとても目立ちます。学校では、たとえ算数のテストで30点を取ったとしても、みんなにバレないように隠せば算数が苦手なことは誰にも分かりません。しかし、身体の動きは別です。体育の時間や運動会などの場では、みんなに不器用さがバレてしまいます。みんなでタイミングを合わせて行うダンスなどの運動では、いつも足を引っ張ることになるので、みんなから責められます。それで自信を失ったり、イジメの対象になったりする可能性も生じます。特に発達障害や知的障害をもつ子どもたちは、身体的不器用さを併せもつ比率が高いとされており、医療少年院の少年たちもその例外ではありませんでした。

身体的不器用さの特徴と背景

不器用な子どもたちの特徴として例えば以下のようなものがみられます。

・力加減ができない
・物をよく壊す

・左右が分からない
・姿勢が悪い
・じっと座っていられない

〝力加減ができない〟〝物をよく壊す〟というのは、自動車の運転で例えると、どのくらいアクセルを踏めばどれだけのスピードが出るのか、ハンドルをどのくらい回せば車がどれだけ曲がるかといったことが正確に摑めていない状況に似ています。自分のボディイメージがうまくできていないのです。

〝左右が分からない〟人は、相手の真似をすることが苦手です。左右が分からないと言っても、「右手を挙げて」と言われてすぐに右手を挙げることができれば〝左右は分かっている〟と思われがちですが、そうではありません。先生が黙って右手を挙げ、「これと同じ真似をして」と言われて、すぐに右手を挙げることができないと、左右が分かっていることにはなりません。相手のボディイメージを自分にうまく置き換えられないと、左右が分かっている、ということにはならないのです。

〝姿勢が悪い〟は筋肉の調整機能に問題がある場合があります。身体の筋肉の緊張が弱いと関節が柔らかく、まっすぐ立ってもお腹が出るような姿勢になってしまい、そもそも〝姿勢が悪く〟見えます。また逆に筋肉の緊張が強いと柔軟性に欠け、ロボットのようにぎこちない動きになったりします。姿勢の悪さから〝じっと座っていられな〟くなります。じっと座っていられないと指先の細かい作業ができず、手先が不器用にもなります。

これらから身体的不器用さは、じっと座っていられなければ学習にも、力加減ができなければ対人関係にも影響します。ですので、学習面や社会面に加えて、身体面への支援も欠かせないことが分かります。

第4章　気づかれない子どもたち

子どもたちが発しているサイン

教育現場で先生方が頭を抱える子どもの行動はさまざまです。私は現在、幼稚園、小学校、中学校で学校コンサルテーションや教育相談・発達相談などを行っておりますが、そこでケースとして挙がってくる子どもたちの状態は、一筋縄ではいきません。発達や学習の遅れ、発達障害、自傷行為、粗暴行為、イジメ、不登校、非行、親の不適切養育などの課題が入り混じっており、複雑な様相を呈しています。

例えば、次のような子どもの振る舞いや特徴は、相談ケースとしてよく挙がってきます。

・感情コントロールが苦手ですぐにカッとなる
・人とのコミュニケーションがうまくいかない

・集団行動ができない
・忘れ物が多い
・集中できない
・勉強のやる気がない
・やりたくないことをしない
・嘘をつく
・人のせいにする
・じっと座っていられない
・身体の使い方が不器用
・自信がない
・先生の注意を聞けない
・その場に応じた対応ができない
・嫌なことから逃げる
・漢字がなかなか覚えられない
・計算が苦手

などです。

これらを見て、私はある共通点に気づきました。

少年院などの矯正施設に送られる少年達は、少年鑑別所、家庭裁判所で詳細な調査がなされます。そしてかなり分厚い調書が作成され、少年院送致とともにそれらの調書も少年院に送られてきます。調書には事件の詳細、家族背景、これまでの生活歴、小学校、中学校などでの様子、これまでの非行歴、児童養護施設など関係機関での様子、医学的身体所見、医師の意見書、心理検査結果、鑑別所で書いた作文などが含まれています。医療少年院に勤めていた時は、私も新しく入ってきた少年の調書をまとめながら丹念に読んでいました。

そこで彼らの生活歴を見てみますと、小学校での様子などが書かれているのですが、そこに書かれていた彼らの特徴に、前記のものが多く含まれていたのです。つまり、前記の項目は、普通の学校で困っている子どもたちだけの特徴ではなく、少年院にいる非行少年の小学校時代の特徴とほぼ同じものだったのです。

これまで私は、少年院に入るような少年達の生活歴は特別にひどいものだと思ってきました。確かに、被虐待歴、家庭内暴力、親の刑務所入所、離婚なども見られるのですが、全員に共通した項目ではなく、むしろ前記の特徴の方が共通していたのです。そして、医療少年院で働く中でさらに気付いたのは、少年院に入る少年たちが特別にひどいのではなく、彼らはこういったサインを小学校・中学校にいる時から出し続けていた、ということでした。

サインの「出し始め」は小学2年生から

非行少年たちの調書から成育歴を見てみると、先ほど挙げた特徴はだいたい小学2年生くらいから少しずつ見え始めるようになります。他にも、勉強についていけない、遅刻が多い、宿題をしてこない、友だちに手をあげる、万引きをする、などもみられました。これらの背景には、知的障害や発達障害といったその子に固有の問題や、家庭内での不適切養育や虐待といった環境の問題があったりします。

しかし、逆に友だちから馬鹿にされ、イジメに遭ったり、親や先生からは「手がかかるどうしようもない子だ」と思われたりして、単に問題児として扱われてしまい、その背景に気付かれず、結果として問題が深刻化しているというケースもあります。このような子ども達は、学校にいる間はまだ大人たちの目が届きますが、学校を卒業すると支援の枠から外れてしまいます。本人が困っていなければ本人から支援を申し出ることはほとんどありません。しかし、仕事は続かず、人間関係もうまくいかず、引きこもったりして社会から忘れられていくのです。

少年院で、ある16歳の少年と面接したときのことです。彼は中学を卒業後、仕事につきましたが、幼女への強制猥褻を犯して逮捕され、少年院に入ってきました。彼に、少年院を出た後、高校に行くつもりはないか、と尋ねました。すると、彼はこう答えました。

「勉強でイライラしてしまう。高校に行けと親から言われて塾に通ったけど、全くついていけず、ストレスがたまって生活もめちゃめちゃになった。小学生の頃から勉強がきつかった。それでイライラして悪いことをやった。もし特別に支援を受けていたら、ストレスが溜まらなかったと思う。（療育）手帳が取れるなら取りたい」

彼はこちらから療育手帳や特別支援教育のことを伝えていなかったのに、自らその必要性を感じ、訴え続けてきたのでした。しかし、周囲の大人から理解されることはありませんでした。もし小学校で特別支援教育につながっていたら、彼も少年院には来ていなかったし、被害者を作らなかった可能性もあったのです。

保護者にも気づかれない

子どもの課題を保護者に理解してもらうことの難しさは、保護者に関わっておられる専門家や学校の先生方ならよくご存知のことと思います。

「子どもの問題を理解しようとしない親にはどう対応すればいいか？」というのは、学校の先生方向け講演会の後の質疑応答でも定番で出てくる質問です。つまり、これは支援者の共通の悩み事であり、これといった解決策がないために何度も質問に出るのであって、それだけ子どもの課題を保護者に理解してもらうことは困難なのです。

ある殺人を犯した少年の保護者と面接したことがあります。その少年は、自分をイジメてきた相手を殺害してしまったのですが、保護者は息子の非を認めず、被害者遺族に対する謝罪や悔やみの言葉も全くありませんでした。逆に被害者遺族に怒りをぶつけ「息子をイジメたから悪いんだ。昔から『やられたらやり返せ』と教えてきた」とすごんでいました。自分の子どもが殺人を犯してすら、子どもの問題を理解・受容しようとしない保護者がいるくらいですから、子どもの少々の問題だけでは危機感を抱かず聞く耳をもたない保護者がいても不思議ではありません。

社会でも気づかれない

障害をもった非行少年たちは、出院後は社会で真面目に働きたいという気持ちをもっています。そこで支援者は、〝では仕事を探して紹介してあげればいい〟と、非行に理解のある会社などを探して仕事を紹介するのですが、たいていは1ヶ月、長く続いても3ヶ月くらいで仕事を辞めます。やる気はあるのですが、就労しても続けられないのです。

これまでに述べた通り、認知機能の弱さ、対人スキルの乏しさ、身体的不器用さなどが原因となって、言われた仕事がうまくできない・覚えられない、職場の人間関係がうまくいかない、時間通りに仕事に行けない、などの問題を起こし、非行に理解はあっても発達障害や知的障害についての十分な知識がない雇用主から叱責を受け、嫌になって辞めてしまうのです。

職がなければお金もない。それでも遊びたい気持ちはあるので、簡単にお金が手に入る窃盗などにつながったりするのです。これを私は「4次障害」だと考えます。以下の順番です。

1次障害：障害自体によるもの
2次障害：周囲から障害を理解されず、学校などで適切な支援が受けられなかったことによるもの
3次障害：非行化して矯正施設に入ってもさらに理解されず、厳しい指導を受け一層悪化する
4次障害：社会に出てからもさらに理解されず、偏見もあり、仕事が続かず再非行に繋がる

「クラスの下から5人」の子どもたち

では、特別な支援が必要ながら、気づかれていない子どもたちは、どのくらいいるのでしょうか。
現在、知的障害は一般的にＩＱが70未満で、社会的にも障害があれば診断がつきます。これら知的障害の定義は、米国主導で行われてきました。アメリカ精神医学会による

「精神障害の診断と統計マニュアル　第5版（ＤＳＭ―５）」では、知的障害の診断からＩＱの値が外されましたが、実際の医療や福祉の領域では依然としてＩＱの値は使われています。

現在、一般に流通している「知的障害はＩＱが70未満」という定義は、実は１９７０年代以降のものです。１９５０年代の一時期、「知的障害はＩＱ85未満とする」とされたことがありました。ＩＱ70〜84は、現在では「境界知能」と言われている範囲にあたります。しかし、「知的障害はＩＱが85未満」とすると、知的障害と判定される人が全体の16％くらいになり、あまりに人数が多過ぎる、支援現場の実態に合わない、など様々な理由から、「ＩＱ85未満」から「ＩＱ70未満」に下げられた経緯があります。

ここで気付いて欲しいことがあります。時代によって知的障害の定義が変わったとしても、事実が変わるわけではないことを。ＩＱ70〜84の子どもたち、つまり現在でいう境界知能の子どもたちは、依然として存在しているのです。

彼らは知的障害者と同じくしんどさを感じていて、支援を必要としているかもしれません。では、これらの子どもたちはどのくらいいるのでしょうか。知能分布から算定すると、およそ14％いることになります。つまり、現在の標準的な1クラス35名のうち、約5人いることになります。クラスで下から5人程度は、かつての定義なら知的障害に相当していた可能性もあったのです。もちろん話はそんな単純ではありませんが、現在の学校では、このようにクラスで下から5人の子どもたちは、周囲から気付かれずに様々なSOSのサインを出している可能性があるのです。

病名のつかない子どもたち

通常、クラスの中にはADHD（注意欠陥多動症）やASD（自閉スペクトラム症）、LD（学習障害）といった診断がついている子どもたちがいることがあります。診断があれば周囲からの理解はまだ得られやすいのですが、クラスで下から5人は困っているにもかかわらず診断がつくことはありません。病院に行って色々検査を受けても、IQが70以上あれば「知的には問題ありません。様子をみましょう」と言われ、何らかの支援を受ける機会を逃しているのです。

ただ、そもそも知的障害自体は病院の治療対象ではありませんので、軽度知的障害であっても気づかれる場合は少なく、診断がつくことも少ないのです。平成30年版の内閣府の障害者白書によりますと、知的障害者は約108万人程度いるとされていますが、

5年前の平成25年は54・7万人でした。5年間で何と倍に増えているのです。

通常、知的障害者が急激に増えることはあり得ません。これは何を意味するかというと、知的障害に対する認知度が高まって、療育手帳取得者が増えた結果なのです。逆に言えば、〝支援が必要なのに気づかれていない知的障害者がまだかなりの割合でいる〟ということなのです。境界知能になるとますます気づかれないため、病院を受診しても適切に診断され、支援を受けられるようになることは、通常はありません。また、病院の医師やスタッフも、具体的な支援の方法を持ち合わせているわけでもありません。こういった子どもたちが困っている現状は、依然としてそこにあるのです。

非行化も懸念される子どもたち

私は今、学校コンサルテーションや教育相談というものも行っています。

学校コンサルテーションとは、学校で課題を抱えている子どもの事例を出してもらい、教員とともにどう理解して、どう対応していけばいいかをディスカッションするものです。教育相談は、勉強が苦手とか友だちと上手く付き合えないといった子どもが保護者と一緒にやってきて、彼らの相談にのる、というものです。そこでは様々なケースと出会います。ケースとしてあがってくる子どもたちの中には、少数ですが、非行少年がかつて小学生時代に出していた特徴ととても似ている特徴の子どもたちがいます。すぐにカッとなって手が出る、気持ちをうまく伝えられない、忘れ物ばかりする、授業に集中できない、嘘をつく、自尊心が低い、周りをみて行動ができない、といったようなことですが、これらは非行少年の小学校時代の特徴ととても共通していると感じることがあります。定期的にコンサルテーションを行っている学校ではまだこうした事例が挙がってくれば教員とともにどう支援したらいいかを検討できますが、多くの学校ではこれらの特徴をもっている子たちでも、ほとんどが気付かれていない可能性があります。

気づかれないから警察に逮捕される

これらの兆候が小学校で見逃されたまま、中学生になると、対応がますます困難になっていきます。小学校では、ストレスを溜めながらも何とか先生に支えられて卒業できても、中学に入ると状況が一変します。

「中1ギャップ」といわれる環境の変化があります。中学生になると思春期に入り、それだけでも不安定なのですが、定期テスト、先輩・後輩の関係、クラブ活動、異性との関係など、それまでと大きく変わった環境の中で子どもにとっては大きなストレスがかかります。親に対しても、依存しながら反発する、を繰り返しつつも、しっかり受け止められていれば次第に安定していきます。

しかし、支援が必要な子どもたちは、これらの変化に自分で対応していくことはとても困難です。そこでかなりのストレスを感じてしまうのです。通常は、まず学校に来なくなります。学校に来てもエネルギーをもてあましているので、教師に暴力を振るう、物を壊す、不良仲間とつるむ、夜間徘徊する、タバコを吸う、自転車を盗む、といった不良行為や問題行動を繰り返すので、学校ではお手上げになっていきます。こうなるとあとは警察に補導されたり、逮捕されたりすることにつながっていくのです。ですから、そうなる前の小学生のうちに、如何に早くサインをキャッチして対応するかが大切なのです。

では、こういった子どもたちが大人になるとどうなっていくのでしょうか。まだ子どものうちは学校の先生が目をかけてくれますが、成人して社会に出ると、完全に忘れられてしまいます。

社会では厳しい現実にさらされます。仕事でミスが目立つ、職場での人間関係がうまくいかない、などで職場を転々としたり、引きこもったり、うつ病になったり、最悪の場合、刑務所に入ったりすることもあるのです。次章ではそういった成人の忘れられた人々についてご紹介します。

第5章　忘れられた人々

どうしてそんなことをするのか理解不能な人々

近年のニュースでは、「いい歳をした大人なのに、なんでこんな犯罪をしでかすのか？」と首を傾げたくなる事件が多々あります。

私の記憶に強く残っているのは、2014年に起きた、神戸市長田区小1女児殺害事件です。小学1年生の女児が下校後、友人宅に向かっている最中に行方不明となり、近くの雑木林で遺体がビニール袋に入れられた状態で発見された事件でした。

我々が予想する犯罪者なら、自分の素性がバレないように万全を期すはずです。しかし、そのビニール袋にはたばこの吸い殻と、名前の書いた診察券が入っていました。普通に考えて、自分の名前の書いてある診察券を遺体と一緒に入れる犯人はいません。

どうしてそんな直ぐにバレるようなことを？　と私も不思議に思いました。容疑者は陸上自衛隊で勤務し、大型一種免許や特殊車両免許等をもっていました。それなりに能力があるのは確かなのです。そんな容疑者がどうしてビニール袋の中に自分の名前が書かれた診察券を入れていたのか。サイコパス的な、理解不能な人間なのだろうか、とも考えました。

しかし、あとになって彼が療育手帳（軽度知的障害の範囲）を所持していたことを知り、容疑者の奇異な行動の意味が理解できました。知的障害を持っている人は、後先のことを考えて行動するのが苦手です。これをやったらどうなるのか、あれをやったらどうなるのか、と想像するのが苦手なのです。特に急いで何かをしなければならないとき、後先を考えずにその場その場で判断してしまいがちです。診察券が入っていたら自分の素性がバレるのでは、と想像できなかったのでしょう。

こうやってこうやったらこうなる、といった論理的思考は、「思索の深さ」とも呼ばれています。何ステップ先まで読めるかを予想する力といってもいいでしょう。知的にハンディのある人はこの思索が浅いと言われていて、先のことを見通す力が弱かったりするのです。

しかし、ここで大きな誤解があります。もし知的障害を持っていたのなら、それまでに周囲に気付かれて、何らかの支援を受けられていたのではないか、と。

しかし、軽度の知的障害者は、日常生活をする上では概して一般の人たちと何ら変わった特徴が見られないのです。軽度の知的障害者でも陸上自衛隊に入隊したり、大型一種免許、特殊車両免許を取ったりすることは可能です。特に軽度の知的障害や境界知能の人たちは、周囲にほとんど気づかれることなく生活していて、何か問題が起こったりすると、「どうしてそんなことをするのか理解できない人々」に映ってしまうこともあるのです。

かつての「軽度知的障害」は人口の14％いた？

周囲からみて理解するのが難しい、そういった言動をする人たちは、世間ではいったいどのくらいの割合でいるのでしょうか。

前章でもお伝えしましたが、現在知的障害者の定義はおおよそＩＱが70未満で社会性に障害があることとなっています。この定義であれば、およそ２％が知的障害に該当することになります。しかし、１９５０年代の「ＩＱ85未満」を適用すると、16％ということになります。16％から２％を引くと、ＩＱ70～84のかつての軽度知的障害者は14％もいた、という計算になります。もちろん最新のＤＳＭ―５による知的障害の診断基準ではＩＱの値がなくなり、今では全く当てはまりませんが、この世の中で普通に生活していく上で、ＩＱが１００ないとなかなかしんどいと言われています。ＩＱ85未満となると相当なしんどさを感じているかもしれません。

しかし、彼らは困っていても自分からなかなか支援を求めることはしません。公的に障害を持っていると認定されるわけでもありません。だから、支援につながることは少なく、仕事を転々としたり、続かなかったり、引きこもったり、ちょっとした問題に巻き込まれたりと、生きにくさにつながる可能性もあるのです。

大人になると忘れられてしまう厄介な人々

アメリカ知的・発達障害協会から出版されている『知的障害——定義、分類および支援体系（第11版）』の第12章では「ＩＱ水準が比較的高い知的障害のある人の支援ニーズ」について書かれています。この章ではまさに「忘れられた人々」について言及されていて、そこには、知的障害者の8割〜9割はＩＱ水準が比較的高い人たちで、一般集団と明確に区別できない、と書かれています。

しかし、こういった軽度知的障害や境界知能をもっている人たちは、「軽度」という言葉から誤解を招きがちですが、多くの支援を必要としているのです。にもかかわらず、社会的には普通の人と区別がつかないため、要求度の高い仕事を与えられて、失敗すると非難されたり、自分のせいだと思ってしまったりします。自らも「普通」であることを示そうとするので、仕事などで失敗が続いても、必要な支援の機会を失うかまたは拒否したりすることに繋がっているというのです。

同書には他にも、彼らの特徴について次のように書かれています。

・所得が少ない、貧困率が高い、雇用率が低い
・片親が多い
・運転免許証を取得するのが難しい
・栄養不足、肥満率が高い
・友人関係を結び維持することが難しい、孤独になりやすい
・支援がないと問題行動を起こしやすい

にもかかわらず、「大半は研究文献で言及されることがない」とも書かれています。

まさに「忘れられた人々」なのです。

健常人と見分けがつきにくい

知的なハンディをもった人たちは、普段生活している限りではほとんど健常の人たちと見分けがつきません。特に、軽度知的障害や境界知能をもった人たちは、通常の日常会話も普通にできるため、どこに障害があるのだろうと首をかしげたくなることもあります。

違いが出るのは、何か困ったことが生じた場合なのです。いつもやっていることならいいのですが、いつもと違ったことや初めての場面に遭遇すると、どう対応していいか分からず思考が固まってしまうことがあります。柔軟に対応するということが苦手なのです。

例えば、いつも乗っている電車が人身事故で止まってしまった場合、違うルートを柔軟に探すといったことが難しくなります。パニック状態になる、同じ方法にこだわる、人に言われたとおりに流されてしまう、といったことになります。困ったことがあった際に、柔軟な思考ができるというのはある意味での賢さですが、彼らはそうした思考が苦手です。逆に言えば、何も困ったことが起こっていない場合、知的なハンディをもった人たちは普通の人と見分けがつきにくく、そのため気づかれず、忘れられてしまうのです。

「軽度」という誤解

知的障害には大きく軽度、中等度、重度、最重度といった区分がなされています。このうち軽度が8割以上を占めていますので、知的障害というと概して軽度と考えてもいいでしょう。しかし、軽度の知的障害は、中等度や重度よりも支援をそれほどしなくてもいいという訳ではないのです。逆に軽度であれば健常人と見分けがつきにくく、当然放っておかれることが増えます。軽度といった言葉から支援もあまり必要でないと誤解され、また本人も普通を装い、支援を拒否したりするため、支援を受ける機会を逃してしまいます。

しかし、一方で日常生活では社会から「厄介な人たち」と攻撃されたり、搾取されたりと、さまざまな困難に直面してしまいがちです。そのため場合によっては意図せずとも反社会的な行動に巻き込まれてしまう可能性もあるのです。私が勤務していた少年院では、こういった少年たちを数多くみてきました。

虐待も知的なハンディが原因の場合も

近年、虐待の通報件数は急激に増加しています。平成29年度で13万件を超えました。もちろん、通報はされたが虐待とは言えない、疑いはあるが保護まではいかないといったケースもあり、13万件全てが虐待にあたるという訳ではありません。

虐待されている子どもを一刻も早く見つけ、保護することは大切ですが、虐待通告された子どもが親から離され施設などに入るのは実は1割程度です。つまり、9割は親元に返されます。また、虐待されていて施設に保護された場合でも、いずれは親元に返す時期がきます。ですので、虐待に関しては子どもを保護することに加え、いかにして親に二度と虐待をしないように支援するかが鍵になってきます。

虐待してしまう親の特徴として一般的には、生真面目で〝こうあるべき〟といった固定観念が強い、自分の弱みを人に見せない、困っていることを人に相談できない、孤立している、対人関係が苦手、経済的な困窮もある、などがあると言われています。これらの特徴を見て何か気づかれないでしょうか？　まさに、軽度知的障害や境界知能の人たちの特徴ととてもよく似ているのです。

育児は予期できないことの繰り返しです。そこで、もし親に知的なハンディがあれば、パニックを起こす、赤ちゃんが嫌がっていても同じ方法を繰り返す、育児放棄して逃げてしまう、などの行動に出る可能性があるのです。私は、虐待してしまう親の中にはかなりの割合でこういった気付かれていない知的なハンディをもった人たちがいて、ＳＯＳのサインを出しているのでは、と感じています。

かといって、虐待する親のＩＱを測ることはできませんし、虐待してしまう親の中には高学歴の人もいますので、あくまで推測の域を出ません。しかし、もし虐待してしまう親に知的なハンディがあったならば、虐待を防止するためには、親子再統合に向けた心理・社会的支援に加え、親の生物学的視点、つまり能力面にも焦点を当てた支援が必要になってくるのではないでしょうか。

本来は保護しなければならない障害者が犯罪者に

障害者は支援が必要な存在です。彼らを守るために支援者は日々様々な工夫をしています。

障害者は傷つきやすい存在です。成功体験が少ないため自信ももちにくいのです。ですので、支援者は傷つかないように言葉を選び、少しでも自信をつけさせてあげるよう、日々奮闘されています。

しかし、ここで考えてみてください。逆に、誤って彼らに傷つきそうな言葉を投げかけてしまったら？　彼らの心はすぐに折れてしまうかもしれません。障害者の心は、ガラスのようにとても繊細です。そんな大切に守ってあげなければすぐに心が折れてしまいそうな障害者が、学校で、社会で、気付かれず、傷つけられ、被害者になるばかりか、逆に犯罪者（触法障害者とも呼ばれています）になってしまっている現実もあるのです。

私が勤務していた医療少年院は、まさにそういった少年たちの集まりでした。本来は大切に守ってあげなければならない障害をもった子どもたちが、学校で気付かれずに適切な支援が受けられないどころか、さらに虐待を受け、イジメ被害に遭ってきた、そして最終的には加害者になってしまっていたのでした。

社会に出れば、もっとひどくなります。学校のように気にかけてくれる先生もおらず、社会の荒波の中で社会に適応できず、引きこもりになったり、病気になったり、場合によっては加害者になったりしているのです。

刑務所にかなりの割合でいる忘れられた人々

この問題は、政治資金規正法違反の罪で栃木県の黒羽刑務所に服役した元衆議院議員、山本譲司氏の著書『獄窓記』（新潮文庫）にも詳しく書かれています。刑務所の中は凶悪犯罪者ばかり、と思っていた山本氏が実際に目にしたのは、障害をもった沢山の受刑者でした。

おそらく刑務所にいる受刑者は、軽度知的障害や境界知能をもった人たちがかなりの割合で占めていると思われます。法務省の矯正統計表によりますと、2017年に新しく刑務所に入った受刑者1万9336人のうち、3879人は知能指数に相当する能力検査値（CAPAS）が69以下でした。つまり、約20％が知的障害者に相当すると考えられます。軽度知的障害相当（CAPAS値：50〜69）であれば約17％、また約34％程度が境界知能に相当（CAPAS値：70〜79、および80〜89の約半分の合計）していました。つまり、矯正統計表から軽度知的障害相当や境界知能相当を併せると、新規受刑者の半数近くに相当することになるのです。一般的には軽度知的障害と境界知能を併せると15〜16％程度ですので、やはりかなり高いと言っていいでしょう。

しかし、この数字には批判がなされていて、平成26年に法務総合研究所が発行した結果（法務総合研究所研究部報告52）では、知的障害者は2・4％であったと公表されています。法務省の矯正統計表の約20％という数字とは、8倍近い乖離があります。

なぜこのような乖離が生じたかというと、矯正統計表では測定知能指数（IQ相当値）を計る方法として、矯正協会が作成したCAPASという検査を用いているからです。CAPASはWAIS（最も代表的な知能検査で、知的障害の認定には欠かせないものです）とはある程度の相関があるものの、CAPASには年齢補正が不十分であるなどいくつかの欠点も指摘されています。高齢者が多いと数値が低く出やすく、再入者は受検意欲が低下しがちであり、知的障害相当者を多く拾ってしまう傾向にあると言えます。しかし、これをもって刑務所にいる知的障害者がたったの2・4％と言ってしまっていいのでしょうか？

では、平成26年の法務総合研究所による調査では、どうやって知的障害受刑者の数を算定しているのでしょうか。報告書を読んでみますと、刑務所の職員に調査票を記入させて知的障害、もしくは知的障害が疑われる人数を書かせている、とのことです。また、既に医師によって診断を受けている者、CAPASなどで知的障害が疑われ精査が必要になっているがまだ医師による認定には至っていない者、とあります。

つまり、知的障害を持っているかどうかの判断は職員に委ねられていること、ＣＡＰＡＳで問題ないとされた受刑者は調べられていない可能性があること、境界知能についても調べられていない可能性があること、といった問題があるのです。これでは、刑務所の実態はまったく捉えられていないと言っても過言ではありません。もしＣＡＰＡＳが実際の知能よりも高く見積もってしまうことがあれば、つまり本当のＩＱが65なのにＣＡＰＡＳでは80と出てしまうとしたら、この調査には引っかかってこない可能性があるのです。

少年院にもいた「忘れられた少年たち」

そういったこと、つまり「実際のＩＱよりも高く見積もられてしまう可能性」についてですが、かつて私が勤務していた少年院でもみられました。

集団式の知能検査でＩＱ相当値が80以上あり、知的な問題はないと判定された少年がいたのですが、少年院では不適応を繰り返し、何度も謹慎処分などを受けていました。少年院で問題を起こすと会議にかけられ、処分が下されるのです。

そのうち精神科の診察を依頼され、私が診察することになりました。実際に課題を色々とやらせてみると、簡単な計算ができず、簡単な図を描かせても模写できず、能力的なハンディが疑われたため、WAISによる正式な知能検査を行ったところIQ60台の値が出たことがあります。結局、その少年は出院後、知的障害者施設に入所することになりました。

これは一例に過ぎません。他にも、明らかに集団式の検査で知能が高く見積もられているだろう非行少年に数多く出会ってきました。少年鑑別所の心理技官に聞いてみますと、正確な値が出せるWAISを全員に行う時間がなかなかないため、集団式検査で知的障害が疑われなければそれ以上の検査はしない、と言われました。

これは大変に恐ろしいことです。なぜなら、少年鑑別所で一度「知的な問題がない」と判定されてしまうと、少年を指導する法務教官はそれを信じ、勝手に訂正することができないからです。「知的な問題がない」とされたら、何か問題を起こした時、健常少年と同じ厳しい処遇をされてしまいます。実際、そういった少年が何か問題を起こすと、「ずる賢い」「反抗的だ」「やる気がない」「演技している」「気を引きたいだけだ」といった、およそ非行の専門家とは思えないような発言をする法務教官もいたほどです。

そういう厳しい処遇をされても、知的なハンディを抱える少年は理解できず、暴れるなどの不適応行動を繰り返します。そのたびに、単独室で反省、出院期間の延長といった処分がなされるのですが、それで余計に暴れ、また処分されるという悪循環が繰り返されるのです。悪循環を繰り返していると今度は精神科医が呼ばれ、少年の気持ちを抑え教官の指示を聞けるようにするため、精神科薬が投与されます。効果が出なければ次第に薬の投与量も増え、少年院を出る頃には精神科薬なしではやっていけない患者になってしまうこともあるのです。

そもそも弱い存在である、障害のある少年に厳しい処遇をするとどうなるか。多くはうつ病のような状態になったり、精神科疾患を発症したりして、精神科薬で対処することになってしまうのです。本来なら必要でない薬を飲ませ、出院後もともと必要のなかった精神科病院への通院を余儀なくされるなど、われわれ大人が彼らの人生を台無しにしてしまっているのです。

被害者が被害者を生む

私は性加害少年に対する再犯予防の治療プログラムも長年行ってきました。一般的には、性加害を行う少年は幼少期に性被害を受けたことが多いのでは、と言う研究者が少なくないのですが、私が関わった性加害少年たちには必ずしも当てはまりませんでした。本人が性被害に遭ったと言わないだけという可能性もないことはないですが、それよりもイジメ被害の方が深刻でした。95%くらいは凄惨なイジメ被害に遭っており、そのストレスで幼女などを見つけて性加害を行っているケースが大半でした。

彼らに明らかな障害があれば、周囲に気づかれイジメに遭わないよう何らかの支援を受けられた可能性があります。しかし、気づかれずに忘れられた人々は、勉強ができない、対人関係が苦手で友だちができない、スポーツも苦手、といった状態の中でイジメに遭うリスクも高く、そういったイジメに遭ってしまうと今度は自分よりももっと弱い存在を見つけ、性加害を繰り返してしまっていたのです。まさに被害者が新たな被害者を生んでいたのです。

第6章　褒める教育だけでは問題は解決しない

褒める教育で本当に改善するのか？

この章からは現在、学校等で行われている子ども達への支援が本当に有効なのかを考えていきたいと思います。

何らかの原因で困っている子どもは大勢います。現在、私は複数の小・中学校に定期的に行って、学校コンサルテーションを行っています。そこでは学校で先生方に困っている子どものケース事例を出してもらい、みんなでどうするかを考えていくのです。手順は以下の通りです。

まず、事例提供者である子どもの担任から、相談したいケースについて発表してもらいます。その後、参加者でグループを作り、ケースについて各グループから質問を出してもらい、参加者皆でその子どもへの理解を深めていきます。そして最後に、ではどう支援していけばいいのかをグループで話し合い、各グループで支援案を出してもらうという形式です。

　そこで出てくる支援案で定番なのが、「子どものいい所を見つけてあげて褒める」です。問題行動ばかり起こしている子は、どうしても悪い面にばかり目が向きがちなので、いい面を見つけてあげて褒めてあげる、小さなことでも褒める、または役割を与え、できたら褒める、といったものです。とにかく〝褒める〟の嵐です。私は聞いていて、いつも「またか」と思ってしまいます。

　もちろん褒めることを否定するのではありません。しかし、こういった場合、一番浮かない顔をしているのは、事例を提供した担任の先生です。「そんなこと言われなくても分かってるよ」と言いたげです。でも、皆からそうアドバイスされて、表情はどこかすっきりしません。そんなことはどこの誰でも、とっくの昔にやっているからです。何度も試しているのに効果が出ない。だから先生も困っているのです。

　やはり事例に挙がってくる子どもは勉強が苦手、運動も苦手、対人関係も苦手で、褒められるところはそうそう簡単には見つかりません。そこで、少しでもいい所を見つけてあげようと、通常なら社会で褒められるほどのことでもないようなことでも褒めてしまいます。

そんなことで、本当に問題は解決するのでしょうか。おそらく、最初は子どもも褒められたら嬉しいでしょうし、うまくいくかも知れません。しかし、長くは続きません。根本的な問題が解決しない限り、すぐに元に戻ってしまうことが多いのです。

少年院の非行少年の中にもいました。少年院で教官の先生から注意や指導を受けると、「僕は褒められて伸びるタイプなのに」と泣きながら言い訳をしたりする少年が。きっと親からそう言われてきたのでしょうが、その結果が少年院です。

〝褒める〟と同じくよく出てくるのが、〝話を聞いてあげる〟です。これも子どもの気持ちを受け止め落ち着かせるには効果がありますが、根本的な解決策にはなりえないので、効果はいずれ薄くなってきます。

〝褒める〟〝話を聞いてあげる〟は、その場を繕うのにはいいのですが、長い目でみた場合、根本的解決策ではないので逆に子どもの問題を先送りにしているだけになってしまいます。

例えば、勉強ができないことで自信をなくしイライラしている子どもに対して、「走るのは速いよ」と褒めたり、「勉強できなくてイライラしていたんだね」と話を聞いてあげたりしても、勉強ができない事実は変わらないのです。根本的な解決策は、勉強への直接的な支援によって、勉強ができるようにすること以外では有り得ません。

小学校では、褒めることや話を聞いてあげることで、何とか乗り切れたかもしれません。しかし、中学校でうまくいかない、高校でもうまくいかない、社会ではさらにうまくいかないとなったときに、「誰も褒めてくれない」「誰も話を聞いてくれない」といったところで、何の問題解決にもなりません。

「この子は自尊感情が低い」という紋切り型フレーズ

学校コンサルテーションの流れの中には、子どもへの理解を深める段階があります。そこでも必ず出てくる定番の言葉があります。それは「この子は自尊感情が低い」という言葉です。

困っている子どもを理解するためのケースを討議する会議でも、この言葉が出てこなかった会議は経験がありません。少年鑑別所でも、心理技官によって書かれた少年調査簿には、必ずと言っていいほど「当少年は自尊感情が低い」と書かれています。

これに関しても、私はいつも違和感を覚えます。第一に、色んな問題行動を起こしている子どもは、それまでに親や先生から叱られ続けていますので、自尊感情が高いはずがないからです。「自尊感情が低い」のは当たり前ですし、そう書いておけば外れることはまずないでしょう。

第二に、そもそも「自尊感情が低い」ことは問題なのか、ということです。我々大人はどうでしょう。自尊感情は高いのでしょうか？　仕事がうまくいかず、自信を失って自尊感情が低いことはあるでしょう。逆に、仕事が軌道にのり、社会的に成功すれば、自尊感情が高くなることもあるでしょう。それでも、社会の荒波に揉まれながら思った通りの仕事ができない、職場の対人関係がうまくいかない、理想の家庭が築けないなど、自信がなかなか持てず、自尊感情が低くなってしまっている大人の方が多いのではないでしょうか。

だからと言って、ほとんどの人が社会で犯罪を行っている、不適応を起こしているわけでもありません。つまり、自尊感情が低くても社会人として何とか生活できているのです。逆に、自尊感情が高すぎると自己愛が強く、自己中のように見えてしまうかもしれません。大人でもなかなか高く保てない自尊感情を、子どもにだけ「低いから問題だ」と言っている支援者は、矛盾しているのです。

問題なのは自尊感情が低いことではなく、自尊感情が実情と乖離していることにあります。何もできないのにえらく自信をもっている。逆に何でもできるのに全然自信がもてない。要は、等身大の自分を分かっていないことから問題が生じるのです。

〝自尊感情が低い〟といった言葉に続くのは、「自尊感情を上げるような支援が必要である」といった締めの言葉です。こんな文章を見る度、「そもそも文章を書いている心理技官の自尊感情は高いのか」と聞きたくなります。無理に上げる必要もなく、低いままでもいい、ありのままの現実の自分を受け入れていく強さが必要なのです。もういい加減「自尊感情が……」といった表現からは卒業して欲しいところです。

教科教育以外はないがしろにされている

子どもへの支援は大きく分けて、学習面、身体面（運動面）、社会面（対人関係など）の3つになるかと思われます。保護者支援もありますが、子どもへの直接的支援としては、これらの3つになるはずです。

講演会では参加者の学校の先生方にときどき聞いてみます。

「先生方が、この3つの中で最終的に子どもに身に付けてほしいために行う、最も大切な支援は何ですか？」

こう私が問うと、殆どの先生が「社会面」と答えます。そこで私は続けて聞きます。「では先生、最も大切と思われる社会面の支援について、今の学校では系統的にどんなことをされていますか？」

すると、殆どの先生が「何もしていない」と答えます。中には「子ども同士の間でトラブルになったとき、その都度指導している」と答える先生もいます。

しかし、ここで考えてみてください。小学校なら国語、算数、理科、社会といった学科教育でびっしりと時間割が埋められ、週にわずか1時間、道徳の時間があるだけです。では、道徳の時間で社会面の支援をしているか？　これも否です。また、「トラブルがあった時、その都度指導している」だけでは、社会面の支援は偶然に必要性があって生じた程度に過ぎません。つまり、今の学校教育には系統だった社会面への教育というものが全くないのです。これは大きな問題です。

社会面の支援とは、対人スキルの方法、感情コントロール、対人マナー、問題解決力といった、社会で生きていく上でどれも欠かせない能力を身につけさせることです。これらのどれ一つでも出来ていなければ、社会ではうまく生活していけないでしょう。

そういった最も大切な社会面の支援が、学校教育で系統立ててほとんど何もなされていないということが、私にはどうしても理解できません。学校教育で何もなされていないので、少年院に入ってきた少年には、一から社会面について支援していかないといけないのです。

すぐにカッとなってしまう少年には感情コントロールの方法を、人にものを尋ねたり、挨拶したり、お礼を言ったりしない少年たちには一からその方法を、教えていかなければならないのです。これら社会面は、集団生活を通して自然に身につけられる子どもも多いですが、発達障害や知的障害をもった子どもが自然に身につけるのはなかなか難しく、やはり学校で系統的に学ぶしか方法がないのです。それが学べないと、多くの問題行動につながりやすく、非行化していくリスクも高まるのです。

全ての学習の基礎となる認知機能への支援を

今、ある市で教育相談を続けています。そこには各学校から、勉強についていけない、授業に集中できない、漢字を覚えるのが苦手、黒板が写せない、計算が苦手、といった子どもたちが母親に連れられてやってきます。小学校2〜3年生が多数です。相談は3回に分けて行われます。最初の2回は臨床心理士による発達検査と保護者からの成育歴の聞き取りなどです。発達検査では主にＷＩＳＣという知能検査を行います。それに加えて心理検査なども行いますが知能の把握が最も大切です。母親からは幼少期に発達障害が疑われるようなエピソードがなかったかなどを聞き取りします。

我が子の発達を心配して相談にわざわざ来るくらいですから、やはり何らかの課題が見つかります。多いのがやはり境界知能や能力の偏りといったものです。そこで、第７章でも紹介するコグトレ（認知機能強化トレーニング）のワークシートの中にある「点つなぎ」（点で繋がった上の図を下に写す）や「形さがし」（点々の中から正三角形に配置されているものを探して線で繋ぐ）、「まとめる」（無造作に並べられた☆を５個ずつ囲む）といったシートをさせてみます。すると、漢字が覚えられない、黒板を写せない、計算が苦手といった子どもはいずれのシートもうまくできません。

簡単な図を見ながらそれを正確に写すということができなければ、漢字など覚えられないのです。漢字はワークシートで使う図よりも、もっと複雑で難しい形をしています。点々のガイドもなければ、クネクネ曲がっていたりもします。漢字が覚えられないというのは、形を認知する力が育っていないからなのです。

また、点々の中から正三角形を見つけることができない場合、場所や大きさが変わってもある形を認識できる〝形の恒常性〟という力が育っていないと考えられます。〝形の恒常性〟が育っていないと、黒板に大きく書かれたことをノートに小さくして写す、ということができません。

☆を5個まとめて囲む力がなければ、繰り上がり計算の際に必要となる「数を量としてみる力」が育っていないため、計算が苦手になってしまいます。こういった写す、見つける、数えるといった基礎的な認知能力の弱さが背景にあれば、どうしても勉強についていくのは難しくなります。

しかし学校では、漢字ができなければひたすら漢字の練習をさせる、計算ができなければひたすら計算ドリルをやらせるといったように、できないことをやらせようとしてしまいがちです。計算や漢字といった学習の下には、「写す」「数える」といった土台があり、そこをトレーニングしないと子どもは苦しいだけなのです。

例えば、国語の文章問題をさせるには、平仮名や漢字をちゃんと読めるということが前提です。また、算数で面積を求めるような図形問題を解くには、足し算や掛け算、割り算ができることが前提です。これらの前提である平仮名や漢字、四則演算ができないのに、文章問題、面積の問題をひたすらやらせると、ますます勉強嫌いになっていくのと同様なのです。

今の学校では、こういった学習の土台となる基礎的な認知能力をアセスメントして、そこに弱さがある児童にはトレーニングをさせる、といった系統的な支援がないのです。少年院の非行少年たちも同様でした。簡単な図も写せず、短い文章の復唱もできない。そんな状態のまま小学校、中学校で難しい勉強に晒され、ついていけなくなり、勉強嫌いになり、自信の喪失や怠学に結びつき、ひいては非行化していったのです。

医療・心理分野からは救えないもの

医療分野では発達障害への支援が活発になされています。私が以前いた公立の精神科病院では、発達障害外来は申し込んでから受診するまで初診が4年待ちの状況でした。4年も経てば、子どもの状況はすっかり変わってしまいますし、必要な支援を迅速に受けることも叶いません。しかも、それだけ繁盛している医療分野ならきっと素晴らしい治療をしてもらえるのかと思いきや、医療現場で超多忙の医師にできるのは、診断と見立て（治療方針）、投薬くらいに限られてしまいます。診察につぐ診察で時間がなく、具体的なトレーニングを実践する機会がなかなかないのです。

発達障害の中でも自閉スペクトラム症とADHD（注意欠陥多動症）は、病院にも多数の方が受診しにきますので、それらの診断や投薬治療に関しては、医師はとても長けています。例えば子どもにADHDなどがあって、多動、不注意が目立ち日常生活に支障を来していれば、医師はメチルフェニデートといった中枢神経刺激剤を処方することがあります。個人差はありますが、そうした薬の投与で多動や不注意といった症状を抑えることは可能です。

しかし、一方で同じ発達障害である学習障害（LD）や、軽度知的障害、境界知能の子どもが、そうした理由だけで病院を受診することは極めて稀です。これらは病気というより、勉強ができない、といった困りごとになるので、医療ではなく教育分野の話になってくるのです。

私は初診まで4年待ちの病院で非常勤を併せ5年以上勤務しましたが、学習障害や軽度知的障害、境界知能だけで受診した親子は殆ど記憶にありません。あったとしてもそれは学習面の困難ではなく、それらが原因で2次的に不適応状態が生じる2次障害（鬱病になったり、粗暴行為が生じるなど）で受診していた場合でした。しかも小学生は皆無に近い状態でした。

つまり、学習障害や軽度知的障害、境界知能の子どもはそもそも病院には来ないのです。だから医師も慣れておらず、彼らがどんな特徴をもっているのか、どう対処すればいいのか分からないことが多く、「医療的には問題はありません」「様子を見ましょう」で終わる可能性が高いのです。

困っている子どもの保護者たちは、「病院に行けば何とか解決してくれるのではないか」と期待して受診させにきます。しかし、「医療的に問題ありません」「様子を見ましょう」と言われれば、学校としても対処の仕様がなく、問題は先送りさせられてしまうのです。

では、医師ではなく心理士だったらどうでしょうか。学校にスクールカウンセラーなどとして長年関わり発達にも詳しい心理士なら、適切な見立てや指導方針などは立てることが出来るでしょう。しかし、心理士は教育の専門家ではなく心の問題の専門家です。カウンセリングなどを通して、軽度の気分障害、自閉スペクトラム症、ＡＤＨＤ、不登校、イジメ、思春期の問題などには対応できても、学習の問題に具体的にどう対応したらいいかといった具体的イメージは持ちにくく、従って具体的な方針を提示することも難しいのです。発達の程度を見立てることは可能でしょうし、知能検査をして例えばワーキングメモリ（脳のメモ帳とも呼ばれ一時的に情報を頭に留めておく機能）が低いという結果が出たら、それを保護者や教師に伝えることも可能なのですが、それだけでは教師の側は具体的にどう対応すればいいのか、なかなか分かりません。心理検査の所見を説明されたところで、教師も実際の教育にどう生かせばいいのか具体的イメージがもてないのです。

知能検査だけではなぜダメなのか？

子どもの何らかの状態に困っていて保護者が子どもを連れて医療機関を受診したり、発達相談などに行ったりすればだいたいWISC検査（小学生以上であればだいたいWISC検査）を受けることがあります。一般的にこのWISC検査の値がIQと呼ばれているものです。平均は100になります。その知能の値は4つの下位指標から構成されています。それぞれの4つの下位指標は2～3個の下位検査の結果をもとに算定されます。合計10個の検査があります。

例えば、そこで知能の値が98と出たとします。知能の値が98であれば平均の100に近いので問題ないかと思われがちです。しかし、困っている子どもはたいてい、10個の下位検査の値に大きなばらつきがあるのです。例えば、他は平均的もしくは優れているのに、語彙力を調べる「単語」や社会的なルールの理解力を調べる「理解」といった検査値だけがとても低い、といった具合です。この場合、言語理解や聞く力の弱さなどが推定されます。その他にも暗算などで必要な、一時的に情報を記憶しておくワーキングメモリという力だけが弱い、などの事例もよく見られます。知能検査は、その子どもが困っているところを見つけるのに役に立ち、その結果を支援のヒントとして利用することができます。

しかし、一方で知能の値が90以上あり、10個の下位検査でどこも低いところが見つからなければ、「この子は知的には問題ありません」と言われることになります。学習上や行動上で何らかの困った様子があるのに、〝知的に問題ない〟と言われても、教師や保護者は腑に落ちないでしょう。

実はＷＩＳＣという検査は、子どもの能力の一部しか見ていないのです。正確にいうと、たった10個の検査項目で子どもの知能を測っているだけなのです。検査を受けてみると分かりますが、一方的に問題を与えられてひたすら答える、時間内にできるだけたくさん取り組む、といった課題ばかりで、そこには、絵を写すなどの再現力や描写力を測るような検査もなければ、答えのない問題に取り組ませて思考の柔軟性をみたりするような検査もありません。社会で必要とされる柔軟性、対人コミュニケーションの能力、臨機応変な対応などはＷＩＳＣ検査では測られないので、ＩＱは高いが融通が利かない、ＩＱは低いが要領がいい、といった子どもの問題や特徴は見落とされがちなのです。

私的にはＷＩＳＣは「ザル検査」だと思っています。子どもの知能の課題をすくおうとしても、ＷＩＳＣではすくえないからです。ＷＩＳＣなど現在主流の知能検査は、大雑把に知能の傾向を把握するにはとても役に立ちます。しかし、そこで拾えなかった躓きを併せて調べてみないと、〝知的には問題ない〟で終わりになってしまい、検査を受けたばかりに逆に支援が受けられなくなる子どもたちを沢山つくってしまうのです。

「知的には問題ない」が新たな障害を生む

この〝知的には問題ない〟という言葉は、実は事例検討会や学会の研究報告でもいまだによく使われます。ひどい例だとＩＱが70以上あれば、下位検査の値を見ることもなく〝知的には問題ない〟と一言で終わらせていた事例検討会での発表も多く見てきました。

テストの点数が悪い、何事も続かない、問題行動ばかりしている、といった子どもがいる。そこで知能検査を受けてみる。そして、もし知的に障害があるということが分かれば、「そうだったのか。それなら特別な配慮が必要だ」と周囲も納得するかもしれません。

しかし、一度「知的には問題ない」と判定されてしまえば、それは〝怠けているだけだ〟、〝性格の問題だ〟、〝育て方が悪いのでは〟、と捉えられてしまうのです。そこで一層、子どもへ厳しく指導したり、親を責めたりしてしまう。その結果、子どもはうつ病を発症したり、パーソナリティ障害などと誤診されたりするのです。

他者や他機関を非難しているのではありません。かつて、私も同様に考えていたことがあるからです。

病院で勤務していた頃、思春期外来に、不登校、家庭内暴力、自傷、夜間徘徊などを繰り返していた女子高校生が、保護者に連れられてきたことがありました。度重なる不適切行動、家庭内暴力、薬の過量服薬などから入院治療まで行い、本人と何度も面接を続けてきました。本人もその場では理解した様子でしたが、ずっと同じ行動の繰り返しでした。その間、知能検査も行っていたのですが、ＩＱが70以上あったので、〝知的には問題ない〟と判断し、パーソナリティ障害を視野に入れ、看護師と協力して本人に厳格なルールを設定したり、保護者の言動にも疑問をもち児童相談所に不適切養育（虐待）の疑いで通報したりしたのです。

しかし、今振り返ると、彼女の場合は知的なハンディが原因で不適切行動に繋がっていた可能性が高かった、と思います。通常の学校ではなく特別支援学校なども視野に入れ、福祉に繋げる必要があったと判断しています。知能検査の結果だけみて、〝知的には問題ない〟と判断した私の不十分な思い込みのため、彼女に不要な投薬治療や入院治療まで受けさせてしまったのです。

ソーシャルスキルが身につかない訳

支援対象となる子どもについて心理士などの専門家が書く所見をみますと、たいてい「対人関係に課題があるので、ソーシャルスキルトレーニングなどを通してソーシャルスキルを身に付けていく必要がある」と書かれています。これは、少年鑑別所で作成される所見にもほぼ全ての事例で書かれています。対人関係で優れている子どもは一部を除き困ったケースとしてあがってくることはほとんどないので、当然といえば当然なのですが、そうなると次に「どうやってソーシャルスキルを身に付けさせるか」が問題になってきます。

そこで多いのが、認知行動療法に基づいたソーシャルスキルトレーニングなどのトレーニングになります。このソーシャルスキルトレーニングはいたるところで使われていて、大きな効果を上げているようです。確かに具体的かつ実践的で、うまく使えばソーシャルスキルは向上するだろうと思われます。

しかし、一つ問題があります。このソーシャルスキルトレーニングは認知行動療法に基づいていますので、「対象者の認知機能に大きな問題がない」ことが前提になっています。認知行動療法は、考え方を変えることによって不適切な行動を適切な行動に変えていく方法ですが、〝考え方〟を変える以上、ある程度の「考える力」があることが当然の前提になっています。そこには聞く力、言語を理解する力、見る力、想像する力、判断する力が必要なのです。これらの力がまさに認知機能と呼ばれるものです。

逆に言えば、対象者の認知機能に何かしらの問題があれば、トレーニングを受けていても何をやっているのか理解できない、判断できない、といった状況が生じてしまい、その効果は分からなくなってくるのです。にもかかわらず、矯正教育や学校教育の現場の中には、対象者の能力を考慮せずに、ソーシャルスキルを上げるにはとにかくソーシャルスキルトレーニングを、といった形式的な対応がなされていることもあるのです。

司法分野にないもの

司法分野では、少年鑑別所という機関があります。法務省のホームページによると、「少年鑑別所は、(1)家庭裁判所の求めに応じ、鑑別対象者の鑑別を行うこと、(2)観護の措置が執られて少年鑑別所に収容される者等に対し、健全な育成のための支援を含む観護処遇を行うこと、(3)地域社会における非行及び犯罪の防止に関する援助を行うことを業務とする法務省所管の施設」とあります。

そして鑑別については、「医学、心理学、教育学、社会学などの専門的知識や技術に基づき、鑑別対象者について、その非行等に影響を及ぼした資質上及び環境上問題となる事情を明らかにした上、その事情の改善に寄与するため、適切な指針を示すこと」と説明されています。

少年鑑別所でされているのは主に、〝非行等に影響を及ぼした資質上及び環境上問題となる事情を明らかにすること〟であり、要は非行の理由を調べ、問題点を明らかにすることなのです。更に〝その事情の改善に寄与するため、適切な指針を示す〟といっても実際に少年たちを直接指導するのではなく、こうすべきだといった指針を示すことに重点が置かれます。

少年院に送致されてくる少年には、一緒にその少年への鑑別結果も添えて送られてきます。鑑別結果では、どの少年に対してもほぼ共通して、自尊感情が低い、感情コントロールが苦手、対人関係が苦手、基礎学力がない、といった所見が並べられています。さらに、それらの所見に対しては、成功体験を積ませて自信をつけさせる、ソーシャルスキルトレーニングなどを通して対人スキルを向上させる、基礎学力をつけさせる、などどうしても抽象的なコメントが書かれる傾向にあります。残念ながら実際にどうやってそうした能力を改善するかのヒントはほとんどありません。実際、少年院の教官たちは鑑別所見をあまり読んでいないようです。目の前の少年たちには使いにくいからです。これらは犯罪心理学といった分野でも同様で、「どうしてやったか」は詳しく解明するのですが、「その少年たちの再非行をどうしたら防げるのか」といった具体的な処遇案はほとんど語られません。

医学の分野では、司法領域と関係してくるものとして司法精神医学という分野があります。犯罪を行った精神障害者に、司法と精神医学の双方からアプローチする学問ですが、メインは司法精神鑑定、心神喪失者等医療観察法による鑑定、矯正医療といったものです。精神鑑定は責任能力を含めた精神状態の検証です。対象者は統合失調といった精神障害や知的障害をもった加害者が多いですが、近年は発達障害をもった加害者の精神鑑定も多々行われるようになっています。しかし、ここでも目的は「なぜやったか?」の解明と「どのくらい責任が取れるか」の鑑定が主で、「ではどうすれば防げるのか?」といった実践的な支援方法とは殆ど無縁なのです。

司法分野の目的がそもそも、非行理由や非行時の精神状態の解明であるといえば、その通りです。何か大きな少年事件が起きた際に、世間で注目されるのは「なぜ事件を起こしたのか?」という理由の解明の部分です。「どうしたら事件を防げたか?」「また事件を起こさないためにはどう支援したらいいか?」「同じようなリスクをもった子どもや少年はいないか?」といった視点で語られることは少なく、司法や医療の専門家でも「評論家」で終わってしまっているのが現状です。

欧米の受け売りでは通用しない

少年矯正施設だけでなく、学校教育現場においても、性の問題行動が課題となっています。医療少年院にいるような、発達障害や知的障害をもった性加害少年たちへの再非行防止のための教育は、最難関といっていいでしょう。

性に対する欲求は、人の三大欲求の一つにも挙げられており、決してなくすことができないものです。性行動そのものは生命誕生のための欠かせない営みであり、極めてプライベートな性質をもっています。覚醒剤使用や傷害・殺人事件などは、そもそうした行為自体が犯罪に相当しますが、性行為そのものは犯罪ではありません。強姦では相手の同意があったかどうかなど、当事者間の関係性が犯罪になるかどうかのポイントですが、性行為自体が犯罪行為になるわけではありません。だからこそ、そのことを性加害少年に適切に理解させるのは難しいのです。

性的な欲求自体は、逆にこれがないと人類は滅びてしまいますので、問題があるわけではありません。覚醒剤のように絶対的にダメと言えず、〝適切な相手と適切に行いなさい〟と伝える必要があるのです。しかし、この〝適切に〟が微妙であり、発達障害や知的障害をもった少年たちには、理解するのがとても難解なのです。医療少年院や女子少年院に在院する少年たちの性の問題行動の中にも、その〝適切さ〟が理解できず、犯罪の意図がなくとも結果的に犯罪行為・虞犯になったというケースも多くみられます。

現在、矯正施設等で行われている性加害者への治療プログラムは、欧米の認知行動療法などが主流で、性への不適切な思考・行動を減らし、適切な思考・行動を増やすことを目的としています。しかし、性の様々な問題に対して〝考えさせること〟を主としたプログラムは、そもそも〝適切さ〟を考えることを苦手とする発達障害や知的障害をもった少年にとっては、適切なプログラムとは言えないのです。

また、日本の矯正施設では概して欧米のプログラムを取り入れる傾向にありますが、欧米のプログラムは文化の違いもあり、日本で使用すると違和感がある部分が多くあります。

かつて矯正局が作成したという成人向けの性犯罪者処遇プログラムがあります。対象者に合わせて、高密度（8ヶ月）、中密度（6ヶ月）、低密度（3ヶ月）といった3つのコースがあり、グループワークと個別ワークからなっています。効果検証もなされていて、受講群は非受講群に比べ再犯率が低いといった結果が報告されています。

このプログラムは実によく出来てはいるのですが、中身は欧米の様々な認知行動療法の手法を集約したもののようでした。知的障害者向けのバージョンも用意されていたも

の の、少年院にいる発達障害や知的障害をもった性加害少年たちにはやはり難しく違和感もあり、使いにくい内容でしたので、私が独自に作成し少年たちに使用していました（現在、宮口幸治・川上ちひろ著『性の問題行動をもつ子どものためのワークブック――発達障害・知的障害のある児童・青年の理解と支援』（明石書店）として市販されています）。

性のプログラム以外にも、このような傾向がありました。私の勤務していた少年院でも、矯正局主導である欧米の最新の治療法が導入され、少年たちに施行されました。もちろん効果があった少年たちもいましたが、逆に、それによって精神状態が崩れ、精神科薬を増量せざるをえない少年たちも現れました。しかし、局から「やれ」と言われている以上、真面目な教官たちは当の少年たちが嫌だと訴えても心を痛めながら、その治療法を受けさせるという、互いにとって不幸な状態が生じていたのです。

矯正施設に限らず、欧米の新しい心理治療法を輸入して国内で使ってみようといった試みが数多く見られます。素晴らしいプログラムも多い一方で、明らかに日本の文化や価値観に合っていないものも見受けられます。

第7章　ではどうすれば？　1日5分で日本を変える

非行少年から学ぶ子どもの教育

犯罪を行った少年は通常、少年院に約1年間在院します。入ってきた時は、態度が大きい、妙に馴れ馴れしい、妙に素直、非行を他人事のように答える、少年院送致に不服で被害者に逆ギレしている、など様々な問題を露呈している少年がほとんどです。

そんな中、だいたい入院後8ヶ月頃から大きく変わり始める少年たちがいます。彼らは「少年鑑別所や少年院に入ったときは、反省しているように見せていたけれど、今は違う。本気で変わるのは今しかないと思った」と述べ、犯罪を行った頃の自分がいかに馬鹿なことを思っていたり、言ったりしていたかを客観的に分析できるようになるのです。もちろんこれで全て解決というわけではありませんが、〝彼らが変わろうと思ったきっかけは何か？〟を知ることとは、学校教育へのヒントにもなると思います。

そこで、変わろうと思った彼らの実際の声を聞いて以下にまとめてみました。以下、

「先生」とは少年たちの担任となる法務教官を指します。

・家族のありがた味、苦しみを知ったとき

〝これでもかというほど非行をしてもそんな自分を見捨てずに毎月面会に来てくれる家族や、何百万という被害弁償に対しても何も言わずに働いて払ってくれている親をみて、もう二度と裏切りたくないという気持ちになった〟

・被害者の視点に立てたとき

〝被害者の手記を読んで、もし自分の家族が被害者だったらって考えると、犯人をボコボコにしてやりたい。自分のやったことが怖くなった〟

・将来の目標が決まったとき

〝今まで何をやってもできなかったけど、将来やりたいことが見つかった。資格をとって頑張る〟

・信用できる人に出会えたとき
〝先生は厳しいけど話を聞いてくれて僕のことを真剣に考えてくれて、今の僕に必要なアドバイスをくれる〟

・人と話す自信がついたとき
〝社会では人と話すのが苦手だったけど、ここに来たら、人に頼んだり、お礼を言ったり、謝ったりしなければならないので、話すことに自信がついてきた〟

・勉強が分かったとき
〝漢字が全然読めなかったけど、ここに来て漢字のテストで（漢字検定の）級が上がった。新聞が読めるようになった。もっと勉強したい〟

・大切な役割を任されたとき
〝先生にはいつも叱られていて、先生は僕のこと嫌っていると思っていたけど、少年院の中で難しい係を任されて、信頼されていると気がついた。先生を裏切りたくない〟

・物事に集中できるようになったとき
〝社会では全然集中できなくて勉強にやる気が出なかった。病気だと言われていた。でもここで集中できるようになって勉強が楽しくなった〟
・最後まで諦めずにやろうと思ったとき
〝いつも途中で諦めて最後までやったことがなかったけど、先生から途中で諦めたらだめだと言われ、最後まで諦めずにやったら、できた。とても自信がついた〟
・集団生活の中で自分の姿に気が付いたとき
〝先生から注意されている他の子をみると、自分も昔はああだったのだと思った。どうして注意されるか分かった〟

共通するのは「自己への気づき」と「自己評価の向上」
ここに述べた実際の声は、大きく次の二つにまとめられるかと思います。一つは自己への気づきであり、もう一つは自己評価の向上です。

人が自分の不適切なところを何とか直したいと考えるときは、「適切な自己評価」がスタートとなります。行動変容には、まず悪いことをしてしまう現実の自分に気づくこと、そして自己洞察や葛藤をもつことが必要です。適切な自己評価ができるからこそ〝悪いことをする自分〟に気づき、〝また悪いことをやってしまった。自分って何て駄目な奴なんだろう〟〝いつまでもこんなことしていられない。もっといい人になりたい〟などといった自己洞察・自己内省が行えるのです。そして、理想と現実の間で揺れ動きながらも、自分の中に「正しい規範」を作り、それを参照しながら〝今度から頑張ろう〟と努力し、理想の自分に近づいていくのです。そのためにはやはり、自己を適切に評価できる力、つまり〝自分はどんな人間なのか〟を理解できることが大前提なのです。

少年院では集団生活を強いられます。教育ではとことん自分に注意が向けられます。これまで好き勝手に生きてきて、自分を顧みず、何かあっても他人のせいにしていた彼らが、自分はこれまでどう生きてきたか、どれだけ皆に迷惑をかけてきたか、支えられてきたかを、振り返らされます。

自己に注意を向けることで自己洞察や自己内省が生じる背景に、自覚状態理論というものがあります。自己に注意が向くと、自分にとってとても気になっている事柄に強く関心が向くようになります。その際、自己規範に照らし合わせ、その事柄が自己規範にそぐわないと、不快感が生じます。この不快な感情を減らしたいという思いが、行動変容するための動機づけになる、というものです。例えば、ある少年が万引きをしようと考えた時、自己に注意を向ける機会があると、万引きという行為自体についても関心を向けるようになります。そして、〝万引きは悪いことだ〟といった規範をその少年がもっていれば、そんな自分を不快に感じ、万引きを止めるきっかけになる、というわけです。

自己に注意を向けさせる方法として、他人から見られている、自分の姿を鏡で見る、自分の声を聴く、などがあります。かつて飛び込み自殺が多かった札幌の地下鉄のホームに鏡を設置したところ、自殺者が減った、といった報道がありました。事実関係を直接調べたわけではありませんが、これは頷ける話です。鏡で自分の姿を見ると自己に注意が向けられ、「自殺はよくないことだ」という自己規範が生じ、自殺者は減るだろうと考えられるからです。

この理論が正しいなら、学校で先生が子どもに対し〝あなたを見ていますよ〟といったサインを送るだけでも効果があります。また、少人数のグループワークではメンバー同士、お互いがお互いを密に観察し合っていますので、それだけでも抜群の効果があると考えられます。学校でのグループワークの大切さの所以です。加えて、平生から我々大人が見本となり、「正しい規範」を子どもに見せることが重要なのは言うまでもありません。

自分が変わるための動機づけには、自分に注意を向け、見つめ直すことが必要です。先に挙げた少年たちが変わろうと思ったきっかけに共通しているのも、これまで社会で失敗し続けて自信をなくしてきた彼らが、集団生活の様々な人との関係性の中で、

〝自己への気づきがあること〟

そして様々な体験や教育を受ける中で、

〝自己評価が向上すること〟

の二つなのです。特に自己への気づきについては、押しつけでなく少年自身が自ら「気づきのスイッチ」を入れねばなりませんので、我々としては少しでも多くの、かつ様々な気づきの可能性のある場を提供し、スイッチを入れる機会に触れさせることが大切です。

これらは学校教育でも全く同じと感じます。矯正教育に長年携わってきた方が、こう言っていました。「子どもの心に扉があるとすれば、その取手は内側にしかついていない」。まさにその通りだと思います。子どもの心の扉を開くには、子ども自身がハッとする気づきの体験が最も大切であり、我々大人の役割は、説教や叱責などによって無理やり扉を開けさせることではなく、子ども自身に出来るだけ多くの気づきの場を提供することなのです。

子どもが大人と1対1で向き合って得られる気づきよりも、同級生に言われて得られる気づきの方が大きいこともあり、グループでの様々な活動も欠かせません。

やる気のない非行少年たちが劇的に変わった瞬間

少年院には自己評価の低い少年たちが沢山います。彼らは何をやるにしても否定的で、

「どうせやっても無駄」と言って、最初から何もやろうとしません。学校の勉強で何度も挫折して、すっかりやる気をなくしているのです。私が少年院で各種のトレーニングを始めた頃も、全くやる気のない少年たちが何人かいました。もちろん勉強が苦手で認知機能も弱い少年たちでしたので、認知機能向上を目指したトレーニングのグループに入れて、トレーニングしてみることにしたのです。

当初、私が前に出て、少年たちに指導していたのですが、このやり方はなかなかうまくいきませんでした。

ある少年はわざと横を向いて外の景色をずっとみていて、私のことを無視していました。そこで、その少年を指名して問題に答えさせようとすると、その少年は薄笑いしながら「すみません、景色をみていて聞いていませんでした」と堂々と言ってきました。他にも「こんなのやっても無駄だ、意味ない、止めたい」と皆に聞こえるように何度も呟き、トレーニングを妨害する少年もいました。

賢くなれるトレーニングだから、きっと少年たちも前向きに取り組んでくれるだろうと思っていましたが、全く当てが外れました。中には真剣に取り組む少年もいましたが、妨害する少年がいると流されて全体の雰囲気が白けてきてしまうのです。それでも私はしばらく続けましたが、真面目に取り組んできた少年たちも次第に「こんなことやって意味あるんですか？」と言い始めました。

もともと勉強嫌いで学校での授業など真面目に聞いたことのない少年たちですから、私も「やはり駄目なのだ」と思いました。そして私はだんだんと指導するのが嫌になり、投げやりになりました。とうとう私は、教えたり問題を出したりするのを止め、文句を言っていた少年たちに「では替わりにやってくれ」と彼らを前に出させ、私は少年側の席に移りました。彼らに私の苦労を体験させようと思ったのです。

ところが、そこで驚くことが起きました。私を無視していた少年たちが「ボクにやらせて下さい」「ボクが教えます」と先を争って前に出てきたのです。そして、とても楽しそうに皆に問題を出したり、得意そうに他の少年に答えを教えたりし始めたのです。前に出ていない他の少年たちも必死です。同じ立場の少年から出された問題に答えられなくては恥ずかしい、自分が前に出たときに無視されたら嫌だ、といった気持ちが生じたのだと思います。皆真剣にトレーニングに参加するようになりました。表情も生き生きとしてきました。

それからは皆、全員がその時間をとても楽しみにするようになり、「もう終わるんですか？　もっとやりましょう」「今度いつあるんですか？」と言い出すなど、全体の空気がガラリと変わりました。

そうすると皆の力もどんどん伸びていきます。それで気づきました。少年たちに〝教えるんだ〟という視点では駄目なのだ、と。これまで幾度となく〝こんなのも分からないの？〟と言われ馬鹿にされ続けてきた少年たちは、自分たちも、

〝人に教えてみたい〟
〝人から頼りにされたい〟
〝人から認められたい〟

という気持ちを強くもっていることを知りました。そしてそれが自己評価の向上に繋がっていくのです。学校でも「どうせやっても無駄」と思っていて、やる気のない子どもがいるでしょう。しかし、そのような子どもでも、皆に問題を出す役や答えを教える役などをやってみたい、という気持ちがあるかもしれません。そのまま導入するのは難しいとは思われますが、人の役に立つことで自己評価の向上に繋がり、次第に勉強へのや

る気も出てくる可能性があるのです。

子どもへの社会面、学習面、身体面の三支援

これ以降、困っている子どもたちへの具体的な支援の方法について紹介していきます。子どもへの支援としては、社会面、学習面（認知面）、身体面の三方面の支援が必要です。家族支援は別として、この３つで子どもへの支援は全て網羅しているはずです。前章でもお伝えした通り、現在の学校教育は国語や算数といった教科教育が主ですが、私的には社会性こそが教育の最終目標の一つではないかと思っています。

勉強だけできても社会性に問題がある子をそのまま放置すれば、佐世保の女子高生による同級生殺害事件や名古屋大学の女子学生による知人殺害事件のような事件につながります。ＩＱが高くて勉強ができても、「これをやればどうなるか？」といったことが予想できない子どもたちがいます。計画を立て実行して、間違いがあればフィードバックして修正する、といった実行機能が低ければ、容易に間違った選択をします。

また感情コントロールが弱ければ、正常な判断ができなくなります。我々でもカッとなったら判断を誤ったりします。勉強だけでなく、問題解決能力と感情コントロールと

いった社会面の力がとても大切なのです。しかし、残念なことに今の学校教育の中には体系的に社会面を教える仕組みがありません。

ただ、やはり勉強はできるに越したことはありません。勉強への挫折が非行化につながるケースもあります。それには学習の土台となる見る力、聞く力、想像する力をつける必要があります。

さらに身体面への支援も欠かせません。身体的不器用さは周囲にばれてしまうので、子どもが自信をなくしたり、イジメのきっかけになったりすることもあるからです。したがって社会面、学習面、身体面の3つの方向からの子どもへの理解と支援が必要と考えます。

認知機能に着目した新しい治療教育

認知機能の大切さは第3章でご説明した通りです。認知機能の弱さが学習への躓きに繋がってきますので、ここでは学習面への支援として認知機能向上のための治療教育について紹介していきます。

近年、学校教育においても認知機能面への介入の必要性が認識されるようになり、そこで気になる子どもには心理発達検査でＷＩＳＣ検査などの知能検査が施行され、その結果が担任の先生にも伝えられるようになってきました。私も某市の発達支援センターで子どもの発達相談を行っておりますが、事前にＷＩＳＣのデータを心理士さんに取ってもらいます。

そこで、小学３年生の次のような男児が母親に連れられ相談に来ました。

（相談ケース）
・漢字や計算がなかなか覚えられない。覚えてもすぐに忘れてしまう
・計算の繰り上がりができない
・黒板が写せない
・文字をひと塊で読めない

ＷＩＳＣの結果では、全体的なＩＱは特に問題なかったのですが、４つの下位検査（言語理解、知覚推理、ワーキングメモリ、処理速度）のうち、ワーキングメモリだけが70台と低かったのです。ワーキングメモリとは、情報を一時的に保持する脳機能で

「脳のメモ帳」とも言えるものです。上記の相談内容は、ワーキングメモリが低いことに原因があると思われました。

しかし、いくらWISC検査で判明したからといって、学校の先生に〝ワーキングメモリが低いことが原因でした〟と伝えたところで、一体何ができるでしょうか？ ワーキングメモリが低いと言っても、上記の相談内容とどう関連しているのか、感覚的に理解するのがとても難しいのです。また、具体的にどうやってワーキングメモリを含む認知機能を向上させることができるのか、学校教育現場では具体的方法が分からないし、まとまった時間を取るのはとても困難です。

学習の土台にある認知機能をターゲットにせよ

そこで、ワーキングメモリを含む認知機能向上への支援として有効な、「コグトレ（認知機能強化トレーニング）」についてご紹介したいと思います。このトレーニングは医療少年院で約5年の歳月をかけて開発され、一定の効果がすでに得られているものです。

コグトレは、認知機能を構成する5つの要素（記憶、言語理解、注意、知覚、推論・

判断）に対応する、「覚える」「数える」「写す」「見つける」「想像する」の５つのトレーニングからなっています。教材はワークシートを利用し、紙と鉛筆を使って取り組みます。トレーニングの代表的なワークと大まかな概要は以下の通りです（教材は宮口幸治著『コグトレ――みる・きく・想像するための認知機能強化トレーニング』〈三輪書店〉で、市販されていますので、詳しくはそちらをご参照ください）。

・写す：「点つなぎ」

点と点で結ばれた見本にある図形を見ながら同じように下の枠に写していきます。視覚認知の基礎力をつけます。他にも、見本の星座を写すのですが、写す側の台紙が回転している「くるくる星座」、見本の図形は鏡面、水面ではどう見えるかを想像しながら写す「鏡映し」などがあります。

・覚える：「最初とポン」

出題者が３つの文章を読み上げ、対象者に最初の単語だけを覚えてもらいます。但し、動物の名前が出たら手を叩きます。

例）サルの家には大きなツボがありました。
大急ぎでネコはそのツボの中に入ろうとしました。
ツボを壊そうとイヌが足で蹴りました。
答え（サル、大急ぎ、ツボ）　傍線：サル、ネコ、イヌで手を叩く

授業中に先生の話を聞いている時に、ちょっかいを出してくる子がいます。すると、そちらに気を取られて先生の話を聞き逃す子が出てしまいますが、こういったトレーニングで先生の話をしっかり聞く力をつけます。実はある中学校でこの「最初とポン」と定期テストの国語・算数の点数との関連をみていたところ、かなり高い相関があることが分かりました。つまりテストの点数が高い子は「最初とポン」もよくできますが、逆にテストの点数があまりよくない子は「最初とポン」の成績もよくなかったのです。この結果は学習支援に大きなヒントとなります。

この他に、3～5個の複数の単語セットを3つ読み上げ、最後の単語だけを覚えてもらい、同様に動物の名前が出たら手を叩く「最後とポン」、大きい・小さい、重い・軽

い、遠い・近いなど比較の入った文章を読み上げ、何が一番目かを聞き取る「何が一番？」などがあります。これらは聴覚のワーキングメモリをトレーニングします。

また視覚性のワーキングメモリをトレーニングする「○はどこ？」といった課題もあります。これは縦横が４×４のマス目に○が２～３個配置された３枚の用紙を順に提示し、提示された順に手元の解答用紙に○の位置を記録していくものです。

・見つける：「同じ絵はどれ？」

複数の絵の中から同じ絵を２枚見つける課題です。他にも点々の中から正三角形になっている配列を見つける「形さがし」、ある図形の輪郭を読み取る「黒ぬり図形」などがあります。

・想像する：「心で回転」

ある図形を正面から見た場合と、右側、反対側、左側から見たらどうなるかを想像する課題で、相手の立場に立ってみる練習であり、相手の気持ちを考える力に繋がる可能性もあります。他にもスタンプにあるイラストを紙に押したらどれになるかを想像させる「スタンプ」、バラバラの複数のイラストをストーリーを考えて並べ替える「物語つくり」などがあります。

新しいブレーキをつける方法

・数える：「記号さがし」

例えば色んな果物のマークが横一列に複数並んでいる、複数段からなるシートがあります。その中でリンゴだけの数を数えながら、できるだけ早くリンゴに✔をつけます。ただしリンゴの左側にある決められた果物のストップ記号（例えば、ミカン、メロンなど）がある場合には数えず✔もつけません。ここでは、しっかりとブレーキをかける練習をします。これが第2章で述べた、ブレーキの弱い子どもに新しいブレーキをつけるトレーニングなのです。多くのストップ記号を組み合わせれば難易度が調整できます。最初は5分かかってもできなかった子どもたちも、週に1回で10回ほど繰り返すと20秒くらいでできるようになります。しっかりブレーキがかかるようになるのです。

このトレーニングは、第2章で紹介した「人を殺してみたい」という少年にも取り組ませました。その少年の人を殺したい気持ちは、それまで少年院で時間をかけて〝被害者の気持ち〝〝命の大切さ〝〝またやったらどうなるか〝などと教育してもなかなか消えませんでした。そこで、この記号さがしのシートを毎日させました。どういうことかというと、殺したい気持ちを消そうとするだけではなく、〝刺そうと思ったときにブレーキをかけなさい〝と指導したのです。殺したい衝動にブレーキをかける練習として、もう他に方法がなかったのです。もちろん、この「記号さがし」トレーニングだけで解決する問題ではありませんが、従来の矯正教育だけでなく、こういった認知トレーニングも組み合わせる必要があるのです。

子どもの心を傷つけないトレーニング

このような認知機能のトレーニングであるコグトレは、ときおり認知症予防の脳トレと混同されます。しかし、子どもにとって漢字や計算ドリルが脳トレでなく学習であるように、コグトレも学習の一部なのです。漢字を覚える上で形を認識する力が必要ですし、計算ドリルでは数字を記号としてではなく量として見る力が必要です。これらがないとどちらもできません。コグトレはそこをトレーニングするのです。つまり漢字や計算ドリルを行う上で、さらに土台となっている認知機能をトレーニングしていくのです。

また、漢字や計算ドリルといった練習は、出来なければ子どもは「学習そのものが出来ない」と思って傷つきますが、コグトレは間違いさがしなどパズルやゲームのような課題なので、直接的には学習という感じがしません。たいてい子どもたちは楽しみながら課題に取り組みます。

コグトレのシートができなくて傷ついた、といった話をこれまでほとんど聞いたことがありません。もし課題ができなくて嫌になる子どもがいれば、それは難易度の設定が不適と考えられますので、易しい課題から取り組ませればいいのです。コグトレは、学習の土台になっている認知機能を学習と感じずにゲーム感覚で向上させ、知らず知らずのうちに学習の土台を固めて成績向上に繋げることができる、という特徴があります。

朝の会の1日5分でできる

現在、日本の学校のカリキュラムは、学習指導要領に沿って厳格に管理されており、教員が独自にまとまった時間を使って何かしらの系統だったトレーニングなどをすることは困難です。

一方、通常の学校教育では、認知機能における躓きをもった児童には何ら対応できていないのが現状です。現場の先生からは、コグトレをやらせてみたいがどうやって学校の日課に組み込んでやらせたらいいか分からないといった質問をよく受けます。さすがに規定の授業を止めてまではできません。そこで、朝の会や帰りの会の5分を使うのです。5分あれば「最初とポン」を5題やることが可能です。週に4回、1年で32週（1、2学期各12週ずつ、3学期は8週）やったとして128回もできます。時間にして640分、約10時間分です。

お金をかけないでもできる

子どもたちに教えるために何かしらの教材を使おうとするとどうしてもお金がかかりそうだと思ってしまいます。しかし、ゴミになるようなペットボトルや古新聞、綿棒などでも教材として使えます。

例えば次頁の図7―1は、コグトレの社会面のトレーニングに含まれる「感情のペットボトル」というものですが、これは感情を表現する際に、「なぜ感情を表現する必要があるか」を説明する教材です。

様々な気持ちを貼った500ミリリットルのペットボトルがあります。それぞれ水を

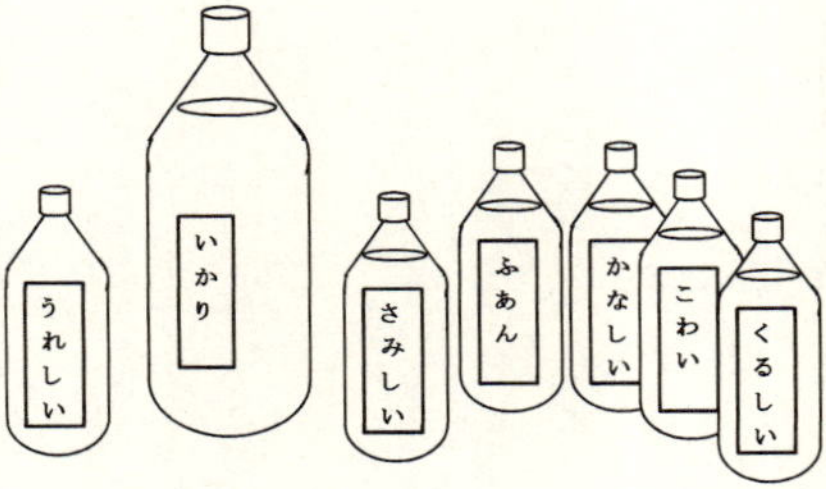

図7－1　感情のペットボトル

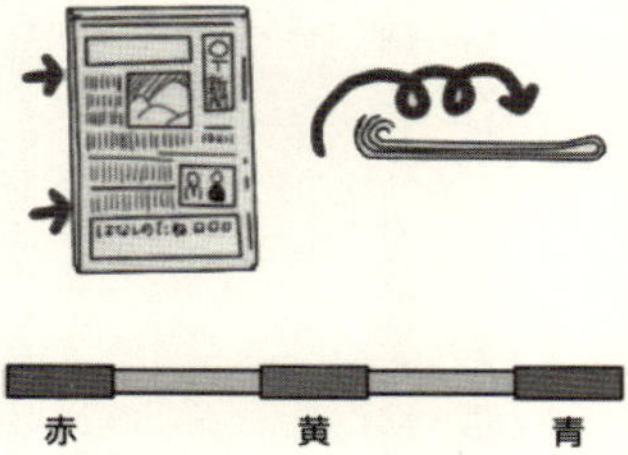

図7－2　コグトレ棒

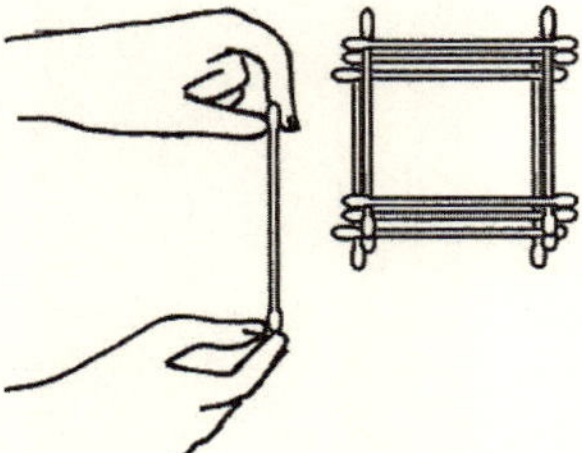

図7－3　綿棒積み

出典：宮口幸治著『1日5分！　教室で使えるコグトレ』（東洋館出版社）

入れています。〝怒り〟の気持ちだけ2リットルにしてあります。〝怒り〟の気持ちが最も厄介でトラブルの原因となるからです。〝うれしい〟は水を入れず空にしています。そして次に大きな袋を用意し、これらのペットボトルを入れて子どもに担がせます。担いでいるととても重くてしんどいです。こうすることで「気持ちを出さずに溜め込むことはこんなにしんどいことだよ」と身体で感じてもらうことができるのです。

次に1本ずつペットボトルを袋から出していきます。すると少しずつ身体が楽になっていきます。〝気持ちを出すことで楽になる〟。これに気づかせ気持ちを表現することの大切さを体感してもらいます。中でも〝怒り〟のペットボトルを出すとすごく楽になります。〝怒り〟を抱え込むのが一番しんどいからです。

しかし、〝怒り〟を出す際にそのペットボトルを相手に投げつけたらどうなるでしょうか？　相手が怪我をすると犯罪になります。だから〝怒り〟を表現するときも、先生や親などにそっと渡しなさいと伝えるなど、感情を表現するとしてもその〝出し方も大切〟だということも理解してもらいます。ペットボトルはゴミですし、タダです。お金も殆どかかりません。

また、図7―2は、コグトレで身体面の機能を高めるために使う「コグトレ棒」というものです。これは、新聞紙を10枚使って棒を作り、両端と真ん中をカラー布テープで止めたものです。これは様々な身体を使った運動に使用することができます。

図7―3は綿棒を使って指先の細かい運動をトレーニングする「綿棒積み」です。2人でチームとなり、できるだけ高く井型の綿棒タワーを作るのですが、90秒という時間制限があります。90秒の時点で最も高く積んだチームが勝ちなのですが、積み上げ過ぎると崩れます。時間を意識し、他のチームの積み上げ具合を見ながら、崩れないようブレーキをかける練習を行っていくのです。このような身体面のトレーニングについては宮口幸治・宮口英樹編著『不器用な子どもたちへの認知作業トレーニング』(三輪書店)で詳しく紹介しています。

脳機能と犯罪との関係

コグトレのような認知機能トレーニングは、犯罪を減らすことにも繋がります。凶悪犯罪の中には、生活歴や性格の問題以外にも、脳機能障害の問題が避けて通れない事件もあるからです。

2001年に起きた大阪教育大学附属池田小学校事件では、宅間守死刑囚は精神鑑定されました。それによると脳ＭＲＩ（磁気共鳴画像法）が施行され、中脳左外側部に5×10ミリの星細胞腫が発見されたことや、他の検査（ウィスコンシン・カード・ソーティング・テスト、脳ＳＰＥＣＴ〈脳血流断層撮影〉など）で前頭葉機能の低下が指摘されました。また前頭葉機能の実行機能のうち「変化する環境のもとで認知的戦略を変化させていく能力」の障害の可能性も示唆され、「前頭葉に何らかの障害がある可能性を示唆する所見はある。人格や精神症状との関連については今後の精神医学的研究に期待したい」と書かれました。

今から53年前の１９６６年、米国テキサス大学の塔の上から銃を乱射して17人を射殺し負傷者32人を出した凶悪殺傷事件がありました。容疑者のチャールズ・ホイットマンは当時25歳の青年で、事件の前日に手紙をタイプしていました。そこには、恐怖と暴力的衝動に苛まれており激しい頭痛にも悩まされていたこと、自分の死後、遺体を解剖して何か身体的な疾患がないか調べて欲しいこと等が記されていました。遺体の解剖の結果、脳の深部に胡桃大の悪性腫瘍が発見され、それによって暴力的衝動を抑制する能力が阻害されていた可能性が浮かび上がったのです。現在でも議論が分かれますが、脳腫瘍が暴力的衝動行為をもたらした可能性を示唆する一事件でもあります。宅間守死刑囚にも脳腫瘍が認められたことは単なる偶然でしょうか。

脳機能、特に前頭葉の機能低下と反社会的行動との関連性を考える上で有名なのが、フィニアス・ゲイジの症例です。鉄道敷設の現場監督をしていたフィニアス・ゲイジ（当時25歳）は、働きもので人望のある人物でした。しかし、1848年9月のある日、火薬の不意の爆発事故で吹き飛ばされた鉄棒が、ゲイジの前頭葉を貫通しました。片方の眼球は損傷したものの幸い怪我は快復し、事故からおよそ12年間生きながらえることができました。しかし、ゲイジの人格は一変し、気まぐれで、礼儀知らずで、ときには冒瀆的な言葉を口にし、同僚にもほとんど敬意を示さなくなったのです。また欲望に対する抑制もできず、しつこいほどに頑固で、将来の計画もできなくなりました。友人や知り合いは彼のことを「ゲイジはもはやゲイジではない」と評しました。神経学者のアントニオ・ダマシオらは、保管されているゲイジの頭蓋骨と標準的な人の脳ＭＲＩ画像を重ね合わせ、左右の前頭前皮質の損傷と、それが引き起こす合理的意思決定や感情の過程に障害をもたらす可能性があったことを報告しています。

およそ150人もの殺人犯と面接した米国ジョージタウン大学医学部教授ジョナサン・ピンカスはその著書『脳が殺す――連続殺人犯：前頭葉の〝秘密〟』（光文社）の中

で、殺人犯の神経学的損傷が疑われる具体的症例を多数挙げています。ピンカスは自ら行った殺人犯の検査において、大多数に前頭葉に神経学的損傷が疑われる形跡があるとし、脳機能障害（特に前頭葉）だけで犯罪に結びつくわけではないものの、脳の「神経学的損傷」「被虐待体験」「精神疾患」の3要因が揃った場合、犯罪に結びつくリスクが高いことを警告しています。

また米国のエイドリアン・レインらは、殺人者に脳PET（SPECTと同様の脳血流断層撮影）を行い、脳血流量を調査した結果、殺人者の前頭葉機能が低下（特に前頭前皮質、それに隣接する上部頭頂回、左縁上回、脳梁）していること、また扁桃体、視床、内側側頭葉において左半球の機能低下があったことを報告しています。米国では、これらの脳機能の異常所見が責任能力の減免の根拠となることも有り得るのです。

国内にも目を向けると、福島章は、精神鑑定で行った殺人犯48例の脳MRIや脳CT検査（コンピュータ断層撮影）などの画像診断の結果をまとめ、半数の24名に脳の質的異常や量的異常などの異常所見を確認しました。更に被害者が2人以上の大量殺人に限っては、62％に異常所見を認めたのです。

私がこれまで行った殺人事件や強盗致傷事件の司法精神鑑定でも、一例で、脳CTスキャン検査にて著明な前頭側頭葉の萎縮、脳波検査にて前頭葉の異常波が認められたものがありました。この事例では、知的機能の低下や保続、脱抑制などの脳機能障害がみられたため刑事責任が問われず、心神喪失者等医療観察法による処遇となりました。

しかし、日本では脳機能障害が裁判の焦点となる事例は、まだまだ少ないのが現状です。当然のことながら、たとえ犯人に脳機能の異常があったにせよ、重大な事件に対しては慎重な議論が必要なことは言うまでもありません。ただ、これら脳機能の障害に対応した何らかの認知機能へのトレーニングは、矯正現場でも必要であることは間違いないですし、それは再犯率を下げる上で重要な意味をもつものと思われます。

性犯罪者を治すための認知機能トレーニング

性犯罪者の脳機能や認知機能についても、これまで幾つかの報告がなされています。しかし、それらの見解は統一されていません。

例えば、成人の性的逸脱者の左前頭側頭葉機能の低下、言語能力、遂行機能の低下が指摘される一方で、年齢・IQ・教育年数を統制した殺人者、性犯罪者、放火犯の群同士で有意差はみられなかったという報告もあります。少年の性犯罪者の認知機能についても同様で、ワーキングメモリや注意保持・抑制などの注意機能といった基礎的な実行機能、そして流暢さにおいて、性非行少年はそれ以外の犯罪を行った非行少年に比べ有意に低かったといった報告がある一方、概して両者に差はないとするものもあります。また、4つの神経心理学的検査のうち、トレイル・メイキング・テストのPartB課題（注意の転換が必要とされる）で、性非行少年がその他の非行少年に比べ成績が悪かったという報告もあれば、両者のIQや神経心理学的な差はみられないといった幾つかの報告もあります。

ここで我々が行った研究での一仮説を紹介します。我々は、これまでの既往研究では対象者の平均知能（IQ）が比較的高い、若しくは高いIQと低いIQが混在し、IQの統制が不十分であることが見解の不一致に繋がっているのではと考えました。そこで、知的障害をもった性非行少年と、知的障害をもち性以外の非行を行った少年、知的障害をもたない性非行少年、知的障害をもたず性以外の非行を行った少年、の4パターンについて、日本版BADS（遂行機能障害症候群の行動評価）などを用い実行機能の検査を行い、各群の違いについて調べました。その結果、知的障害をもった性非行少年は、注意の転換、処理速度、ワーキングメモリ、展望記憶において、知的障害をもった性非行以外の非行少年よりも有意に低得点でした。一方で、知的障害をもたない非行少年においては、性非行とそれ以外の非行を行った少年の間で検査結果に有意な差はみられませんでした。

これらの結果より、

・性非行少年の神経心理学的な特徴は低ＩＱのときのみ現れること
・それらの特徴（機能障害）は脳のある特定領域の障害ではなく複数の領域の障害（ネットワーク不全）が想定されること
・彼らはまだ年齢の浅い低ＩＱの少年であり、ＩＱが高くなればそれらの特徴が消えることから、何らかの発達上の問題が関係している可能性があること

が考えられました。つまり「性犯罪はある種の発達上の問題ではないか」という仮説です。

ＩＱの統制がなされていませんが、この仮説を裏付ける幾つかの報告もみられます。もちろん、性非行少年の中には幼少期に虐待被害（暴力や性被害など）や自動車事故な

どの外傷を負っている事例も多く報告され、これら環境因・生育歴も脳機能に少なからずダメージを与えるでしょう。また性犯罪の種類も多様です（例えば痴漢、集団強姦、小児性愛、下着窃盗など）。従って性犯罪を発達上の問題として扱うには、幾つかの条件や更なる調査・研究が必要ですが、もし可塑性のある脳の問題が性非行・性犯罪に繋がっている可能性があるのであれば、彼らの治療に対しては従来から行われてきた認知行動療法を主とした各種の性非行防止プログラムに加え、処理速度やワーキングメモリ、注意の抑制等を向上させるような、認知機能トレーニングの併用も必要ではないかと思われるのです。

被虐待児童の治療にも

現在、児童虐待が大きな問題となっています。虐待の発見、児童の保護に加え、現在は虐待を受けた子どものトラウマ治療、親子再統合などのプログラムも進んでいます。

子どもが虐待を受けて将来心配なことは、大きく二つあります。一つは愛着障害、トラウマ反応、うつ病、パーソナリティ障害など、「心の病」になってしまうのではということです。

もう一つは、乱暴行為、落ち着きのなさ、攻撃性、徘徊、家出などから反社会的行動に繋がってしまうのではということです。法務総合研究所が2001年に全国の少年院在院者約2300名に行った調査では、約半数の子どもに虐待の被害体験があったと報告されています。つまり、虐待を受けると非行化するリスクがあるのです。

前者の「心の病」に関しては、医療機関が主となって治療に取り組んでいますが、後者の反社会的行動については、なかなか手立てがありません。これらは、人を信用できないから良好な人間関係を作れない、感情コントロールができない、といった心理的なことや、落ち着きや集中力に欠け勉強できない、といった機能的なことで自己評価が低いことなどが原因となります。落ち着きの無さや集中力に欠けるといった症状には、医療機関ではメチルフェニデートといった投薬がなされたりしますが、投薬治療では根本的な解決が難しいことがあります。そこで、先に紹介した認知機能トレーニング（コグトレ）が、そういった子どもたちへの治療となる可能性があるのです。

犯罪者を納税者に

現在、刑務所にいる受刑者を一人養うのに、施設運営費や人件費を含め年間約300

万円かかるという試算があります。しかも、彼らが「被害者を作っている」ケースも多いのです。もしその受刑者の中の一人でも健全な納税者に変えられたなら、大きな経済効果があります。平均的な勤労者の場合、消費税なども考慮すると、大雑把に計算して一人当たり年間100万円程度は何らかの形で税金を納めていますので、一人の受刑者を納税者に変えればおよそ400万円の経済効果になります。刑事施設の収容人員は平成29年末では5万6000人でしたので、逆に単純計算でも年間2240億円の損失です。これには被害者の損失額は入っていません。財産犯だけでも、およそ2000億円の被害額とされています。これに殺人や傷害、性的暴行などの被害額を併せると、年間の犯罪者による損害額は年間5000億円を下らないはずです。いかに犯罪者を減らすことが日本の国力を上げるために重要か、お分かり頂けるかと思います。

そのためにできること、それは「困っている子ども」の早期発見と支援であると考えます。それに最も効率的に支援できるのは、子どもたちが毎日通い、かつかなりの時間を過ごしている学校以外にあり得ないでしょう。今後、新たな視点をもった学校教育が充実していくことを願ってやみません。

おわりに

私が本書を書こうと思ったきっかけは、本文中でも引用した元衆議院議員の山本譲司氏の著書『獄窓記』（新潮文庫）を読んだことでした。さまざまな障害を抱え、本来なら福祉によって救われるべき人たちが、行き場がないがゆえに罪を犯して刑務所に集まってしまっている——。山本氏が描いた受刑者たちの姿は、当時私が勤務していた医療少年院の非行少年たちの実態ととてもよく似ていたのです。

ただ、私が向き合っていたのは未成年の少年たちであり、その現状はまだ殆ど知られていません。彼らが成人になった時、『獄窓記』で描かれたような受刑者にならないために、少しでも早い支援が必要だと強く感じ、こういった現状を多くの人たちに知ってもらいたいと思ったのです。

それに加え『反省させると犯罪者になります』（新潮新書、私が現在勤務する大学の前任者である故・岡本茂樹立命館大学教授による著作タイトル）という以前に、少年院にはもっと深刻な〝反省以前の少年たち〟がいっぱいいることも伝えたいと思いました。実は、岡本茂樹先生が亡くなられて、偶然私が立命館大学にその後任として赴任し、岡本先生の授業などを引き継いだことも何かしらのご縁と感じていました。そうしているうちに、２０１６年5月15日に放映されたＮＮＮドキュメント「障害プラスα～自閉症スペクトラムと少年事件の間に～」の取材を通して知り合った番組のプロデューサー、田淵俊彦氏が『発達障害と少年犯罪』（新潮新書）を出版されました。内容を読んでますます私の少年院勤務経験で知りえた現状を伝える必要があると感じ、同じ出版社で同じ編集者である横手大輔氏に連絡を取らせてもらい、趣旨に賛同して頂きました。

現在、巷の書店の障害コーナーでは発達障害に関する書籍を多く見かけます。一方で知的障害に関する書籍は注意しないと見つけることすらなかなか困難です。どちらの障害が大変だとか論じるのではありませんが、学校教育現場ではあまり知的障害に関心が注がれておらず、発達障害については勉強されているが知的障害については定義すら知らない先生方も多いのが現実なのです。本書が、知的なハンディをもって日々困っている人たち・子どもたちへの支援に少しでも繋がることを願っております。

なお、そういった子どもたちを支援するために著者らが立ち上げたコグトレ研究会では、各種研修会を行っています。学校の先生方も多くご参加頂いております。ご関心がございましたら「コグトレ研究会」で検索してみてください。

最後になりましたが当方の趣旨に賛同して頂き、出版の機会を頂きました新潮社様と編集部の横手大輔様には心より感謝申し上げます。

2019年6月

宮口幸治

宮口幸治　立命館大学産業社会学部教授。医学博士、精神科医、臨床心理士。精神科病院、医療少年院での勤務を経て2016年より現職。困っている子ども達の支援を行う「コグトレ研究会」を主宰。

Ⓢ新潮新書

820

ケーキの切《き》れない非《ひ》行《こう》少《しょう》年《ねん》たち

著　者　宮《みや》口《ぐち》幸《こう》治《じ》

2019年 7 月20日　発行
2019年10月15日　11刷

発行者　佐　藤　隆　信

発行所　株式会社新潮社

〒162-8711　東京都新宿区矢来町71番地
編集部(03)3266-5430　読者係(03)3266-5111
https://www.shinchosha.co.jp

印刷所　錦明印刷株式会社

製本所　錦明印刷株式会社

乱丁・落丁本は、ご面倒ですが
小社読者係宛お送りください。
送料小社負担にてお取替えいたします。

ISBN978-4-10-610820-4　C0236

価格はカバーに表示してあります。

⑤新潮新書

766
発達障害と少年犯罪
田淵俊彦
NNNドキュメント取材班

負の連鎖を断ち切るためには何が必要なのか。矯正施設、加害少年、彼らを支援する精神科医、特別支援教育の現場などを徹底取材。敢えてタブーに切り込み、問題解決の方策を提示する。

520
反省させると犯罪者になります
岡本茂樹

累犯受刑者は「反省」がうまい。本当に反省に導くのならば「加害者の視点で考えさせる」方が効果的――。犯罪者のリアルな生態を踏まえて、超効果的な更生メソッドを提言する。

659
いい子に育てると犯罪者になります
岡本茂樹

親の言うことをよく聞く「いい子」は危ない。自分の感情を表に出さず、親の期待する役割を演じ続け、無理を重ねているからだ――。矯正教育の知見で「子育ての常識」をひっくり返す。

754
脳は回復する
高次脳機能障害からの脱出
鈴木大介

41歳で脳梗塞になった後、僕は僕じゃなくなった⁉ 小銭が数えられない、電話できない、会話できない……リハビリ後の困難とその克服を描く『脳が壊れた』著者の最新刊。

702
ＡＤＨＤでよかった
立入勝義

正面から向き合ったことで、「障害」は「強み」に転じた。実は世の天才、成功者も「ＡＤＨＤだらけ」！ アメリカ在住20年の起業家・コンサルタントが綴った驚きと感動の手記。

新潮新書

808 1本5000円のレンコンがバカ売れする理由
野口憲一

民俗学者となった若者が、学問の力を応用して実家のレンコン農家を大変革！「ブランド力最低」の茨城県から生まれた、日本農業の可能性を示唆する「逆張りの戦略ストーリー」。

809 パスタぎらい
ヤマザキマリ

イタリアに暮らし始めて三十五年。世界にはもっと美味しいものがある！　フィレンツェの貧乏料理、臨終ポルチーニ、冷めたナポリタン、おにぎりの温もり……胃袋の記憶を綴るエッセイ。

810 誰の味方でもありません
古市憲寿

いつの時代も結局見た目が9割だし、血のつながりで家族を愛せるわけじゃない。〝目から鱗〟の指摘から独自のライフハックまで、多方面で活躍する著者が独自の視点を提示する。

799 もっと言ってはいけない
橘　玲

「日本人の3分の1は日本語が読めない」「人種と知能の相関」「幸福を感じられない訳」……人気作家が明かす、残酷な人間社会のタブー。あのベストセラーがパワーアップして帰還！

793 国家と教養
藤原正彦

教養の歴史を概観し、その効用と限界を明らかにしつつ、数学者らしい独自の視点で「現代に相応しい教養」のあり方を提言する。大ベストセラー『国家の品格』著者による独創的文化論。

新潮新書

792
さよなら自己責任
生きづらさの処方箋
西きょうじ

そもそも、成功は努力の結果なのか？　そもそも、なろうとして人は幸福になれるのか？　相互監視と同調圧力が増すばかりの現代社会――肩の力を抜いて生きてゆくための12の思考法！

788
決定版　日中戦争
波多野澄雄　戸部良一　松元崇　庄司潤一郎　川島真

誰も長期化を予想せず「なんとなく」始まった戦争が、なぜ「ずるずると」日本を泥沼に引き込んでしまったのか――。現代最高の歴史家たちが最新の知見に基づいて記した決定版。

787
払ってはいけない
資産を減らす50の悪習慣
荻原博子

「持病があっても入れる保険」「日本一売れている投資信託」「まとめ買い」――やってはいけない50の無駄遣いを一刀両断！　バカを見ないための資産防衛術、決定版。

785
米韓同盟消滅
鈴置高史

北朝鮮に宥和的な韓国の本音は「南北共同の核保有」に他ならない。米韓同盟は消滅し、韓国はやがて「中国の属国」になる――。朝鮮半島「先読みのプロ」が描く冷徹な現実。

781
ＡＩ時代の新・地政学
宮家邦彦

大事なのは、技術の革新を認識しつつ、変わらぬ人間の本質と冷徹な現実を見据え、クールに考え抜く姿勢だ。戦略的思考に定評のある元外交官が、来たるべき未来の姿を展望する。

Ⓢ新潮新書

764
知の体力
永田和宏

「群れるな、孤独になる時間を持て」「出来あいの言葉で満足するな」――。細胞生物学者にして日本を代表する歌人でもある著者がやさしく語る、本物の「知」の鍛錬法。

760
素顔の西郷隆盛
磯田道史

今から百五十年前、この国のかたちを一変させた西郷隆盛とは、いったい何者か。後代の神格化を離れて「大西郷」の素顔を活写、その意外な人間像と維新史を浮き彫りにする。

756
「毒親」の正体
精神科医の診察室から
水島広子

「あなたのため」なんて大ウソ！　不適切な育児で、子どもに害を与える「毒親」。彼らの抱える精神医学的事情とは。臨床例をもとに精神科医が示す、「厄介な親」問題の画期的解毒剤！

753
新聞社崩壊
畑尾一知

十年で読者が四分の一減り、売上はマイナス六千億円――。舞台裏を全て知る元朝日新聞販売局の部長が、限界を迎えつつある新聞ビジネスの窮状を、独自のデータを駆使して徹底分析。

752
イスラム教の論理
飯山陽

コーランの教えに従えば、日本人は殺すべき敵であり、「イスラム国」は正しいイスラム教徒である――。気鋭のイスラム思想研究者が、西側の論理とはかけ離れたその本質を描き出す。

Ⓢ新潮新書

748
外国人が熱狂するクールな田舎の作り方
山田拓

なぜ、「なにもない日本の田舎」の「なにげない日常」が宝の山になるのか？　地域の課題にインバウンド・ツーリズムで解決を図った「逆張りの戦略ストーリー」を大公開。

744
日本人と象徴天皇
「NHKスペシャル」取材班

戦後巡幸、欧米歴訪、沖縄への関与、そして続く鎮魂の旅――。これまで明かされなかった秘蔵資料と独自取材によって、象徴となった二代の天皇と日本社会の関わりを描いた戦後70年史。

742
軍事のリアル
冨澤暉

現代の軍隊は戦争の道具ではなく、世界の平和と安定の基盤である。自衛隊を正しく「軍隊」と位置づけ、できることを冷静に見極めよ――。元陸上自衛隊トップによる超リアルな軍事論。

740
遺言。
養老孟司

私たちの意識と感覚に関する思索は、人間関係やデジタル社会の息苦しさから解放される道となる。知的刺激に満ちた、このうえなく明るく面白い「遺言」の誕生！

736
料理は女の義務ですか
阿古真理

料理をもっと楽しむために、その歴史や先人の知恵に今こそ学ぼう！　「スープの底力」「『一汁一菜』より大切なこと」「料理がつなぐ絆」など、現代の台所事情をレポートする料理論。

Ⓢ新潮新書

735
女系図でみる驚きの日本史
大塚ひかり

平家は滅亡していなかった⁉　かつて女性皇太子がいた⁉　京の都は移民の町だった⁉——胤（たね）よりも、腹（はら）をたどるとみえてきた本当の日本史。

734
こうして歴史問題は捏造される
有馬哲夫

第一次資料の読み方、証言の捉え方等、研究の本道を説き、慰安婦、南京事件等に関する客観的事実を解説。イデオロギーに依らず謙虚に歴史を見つめる作法を提示する。

733
投資なんか、おやめなさい
荻原博子

「老後のために投資が必要」なんて大間違い！　銀行、証券、生保がいま生き残りを賭けて私たちのお金を狙っている。経済ジャーナリストがつぶさに説く、騙されないための資産防衛術。

719
生涯現役論
佐山展生
山本　昌

地道な努力と下積みをいとわず、「好き」を追究しつづける——。球界のレジェンドと最強のビジネスマンの姿勢は驚くほど共通していた。人生１００年時代に贈る勇気と希望の仕事論。

714
コスパ飯
成毛　眞

「うまさ」は前提条件、その上でコストパフォーマンスも追求。持ち前の知的好奇心をフルに発揮して数々の「うまい！」に辿りついた軌跡を語る、著者初めての「食」の本。

Ⓢ新潮新書

711 検索禁止 長江俊和

タブーは妖しく甘美である――。「くねくね」「カシマさん」「コトリバコ」など凶兆の言葉、恐怖譚に潜む戦慄の真相、封印された風習や事件……『出版禁止』の作家が放つ〝禁忌の書〟。

709 ポピュリズム 世界を覆い尽くす「魔物」の正体 薬師院仁志

エリートとインテリを敵視し、人民の側に立つと称する「思想」が、なぜ世界を席巻するに至ったのか。橋下徹氏と対決した社会学者が、起源にまでさかのぼって本質をえぐり出す。

704 フィリピンパブ嬢の社会学 中島弘象

月給6万円、雇主はヤクザ、ゴキブリ部屋暮らしのフィリピンパブ嬢のヒモになった僕がみた驚きの世界を、ユーモラスに描いた前代未聞、異色のノンフィクション系社会学。

703 国家の矛盾 高村正彦 三浦瑠麗

日本外交は本当に「対米追従」なのか。「トランプ時代」の日本の選択とは――。安全保障論議を一貫してリードしてきた自民党外交族の重鎮に気鋭の政治学者が迫った異色対談。

696 お寺さん崩壊 水月昭道

過疎化や仏教離れで、寺院経営は大ピンチ！アルバイトで生計を立てる住職、金持ち寺院に出稼ぎに行く僧侶など、ズバリその収入から本音までを地方寺院の住職がぶっちゃける。

Ⓢ新潮新書

692
観光立国の正体
藻谷浩介
山田桂一郎

観光地の現場に跋扈する「地元のボスゾンビ」たちを一掃せよ！　日本を地方から再生させ、真の観光立国にするための処方箋を、地域振興のエキスパートと観光カリスマが徹底討論。

672
広島はすごい
安西巧

マツダもカープも、限られたリソースを「これ！」と見込んだ一点に注いで大復活！　独自の戦略を貫くユニークな会社や人材が次々輩出する理由を、日経広島支局長が熱く説く。

667
違和感の正体
先崎彰容

国会前デモ、絶対平和、反知性主義批判、安心・安全――メディアや知識人が語る「正義」はなぜ浅はかなのか。考えるより先に、騒々しいほど「処方箋を焦る社会」へ、憂国の論考！

662
組織の掟
佐藤優

「外部の助言で評価を動かせ」「問題人物は断固拒否せよ」「斜め上の応援団を作れ」……うまく立ち回る者だけが組織で勝ち上がれる。全ビジネスパーソン必読の「超実践的処世訓」。

627
患者さんに伝えたい医師の本心
髙本眞一

妻を乳がんで失い、「患者の家族」を経験した著者は、自身が院長を務める三井記念病院でさまざまな試みに着手している。日本を代表する心臓外科医が考えた「理想の医療」の姿。